科迷烟云
所皆汉 传

姜文洲 著

科学家学术成长资料采集工程 丛书

1928年	1948年	1950年	1958年	1973年	1979年	1984年	1987年	1999年
出生于广东	考入国立南宁师范学院	入职东北工业部	在中国科学院石油研究所工作	在大连市轻化工研究所工作	在中国科学院大连化学物理研究所工作	出版国内第一部有关振动光谱理论计算方面的专著	承担两项国家"七五"科研攻关课题	退休后被大连大学聘为客座教授

科迷烟云
胡皆汉 传

老科学家学术成长资料采集工程丛书

姜文洲 ◎ 著

中国科学技术出版社
·北京·

图书在版编目（CIP）数据

科迷烟云：胡皆汉传/姜文洲著. -- 北京：中国科学技术出版社，2023.3

（老科学家学术成长资料采集工程丛书）

ISBN 978-7-5236-0173-0

Ⅰ.①科… Ⅱ.①姜… Ⅲ.①胡皆汉–传记 Ⅳ.①K826.16

中国国家版本馆 CIP 数据核字（2023）第 058491 号

责任编辑	何红哲
责任校对	邓雪梅
责任印制	李晓霖
版式设计	中文天地

出　　版	中国科学技术出版社
发　　行	中国科学技术出版社有限公司发行部
地　　址	北京市海淀区中关村南大街 16 号
邮　　编	100081
发行电话	010-62173865
传　　真	010-62173081
网　　址	http://www.cspbooks.com.cn

开　　本	787mm×1092mm　1/16
字　　数	211 千字
印　　张	14
彩　　插	2
版　　次	2023 年 3 月第 1 版
印　　次	2023 年 3 月第 1 次印刷
印　　刷	北京顶佳世纪印刷有限公司
书　　号	ISBN 978-7-5236-0173-0 / K·358
定　　价	75.00 元

（凡购买本社图书，如有缺页、倒页、脱页者，本社发行部负责调换）

老科学家学术成长资料采集工程
领导小组专家委员会

主　任：韩启德
委　员：（以姓氏拼音为序）
　　　　陈佳洱　方　新　傅志寰　李静海　刘　旭
　　　　齐　让　王礼恒　徐延豪　赵沁平

老科学家学术成长资料采集工程
丛书组织机构

特邀顾问（以姓氏拼音为序）
　　　　樊洪业　方　新　谢克昌

编委会
　　主　编：老科学家学术成长资料采集工程领导小组办公室
　　编　委：（以姓氏拼音为序）
　　　　定宜庄　董庆九　郭　哲　胡化凯　胡宗刚
　　　　刘晓堪　吕瑞花　潘晓山　秦德继　申金升
　　　　王扬宗　吴善超　熊卫民　姚　力　张大庆
　　　　张　剑　张　藜　周德进

编委会办公室
　　主　任：孟令耘　杨志宏
　　副主任：宋维嘉　韩　颖
　　成　员：（以姓氏拼音为序）
　　　　高文静　李　梅　刘如溪　罗兴波　马　丽
　　　　王传超　余　君　张佳静

老科学家学术成长资料采集工程简介

　　老科学家学术成长资料采集工程（以下简称"采集工程"）是根据国务院领导同志的指示精神，由国家科教领导小组于2010年正式启动，中国科协牵头，联合中组部、教育部、科技部、工信部、财政部、文化部、国资委、解放军总政治部、中国科学院、中国工程院、国家自然科学基金委员会等11部委共同实施的一项抢救性工程，旨在通过实物采集、口述访谈、录音录像等方法，把反映老科学家学术成长历程的关键事件、重要节点、师承关系等各方面的资料保存下来，为深入研究科技人才成长规律，宣传优秀科技人物提供第一手资料和原始素材。

　　采集工程是一项开创性工作。为确保采集工作规范科学，启动之初即成立了由中国科协主要领导任组长、12个部委分管领导任成员的领导小组，负责采集工程的宏观指导和重要政策措施制定，同时成立领导小组专家委员会负责采集原则确定、采集名单审定和学术咨询，委托科学史学者承担学术指导与组织工作，建立专门的馆藏基地确保采集资料的永久性收藏和提供使用，并研究制定了《采集工作流程》《采集工作规范》等一系列基础文件，作为采集人员的工作指南。截至2021年8月，采集工程已启动592位科学家的学术成长资料采集项目，获得实物原件资料132922件、数字化资料318092件、视频资料443783分钟、音频资料527093分钟，具有重要的史料价值。

采集工程的成果目前主要有三种体现形式，一是建设"中国科学家博物馆网络版"，提供学术研究和弘扬科学精神、宣传科学家之用；二是编辑制作科学家专题资料片系列，以视频形式播出；三是研究撰写客观反映老科学家学术成长经历的研究报告，以学术传记的形式，与中国科学院、中国工程院联合出版。随着采集工程的不断拓展和深入，将有更多形式的采集成果问世，为社会公众了解老科学家的感人事迹，探索科技人才成长规律，研究中国科技事业的发展历程提供客观翔实的史料支撑。

总序一

中国科学技术协会主席　韩启德

　　老科学家是共和国建设的重要参与者，也是新中国科技发展历史的亲历者和见证者，他们的学术成长历程生动反映了近现代中国科技事业与科技教育的进展，本身就是新中国科技发展历史的重要组成部分。针对近年来老科学家相继辞世、学术成长资料大量散失的突出问题，中国科协于2009年向国务院提出抢救老科学家学术成长资料的建议，受到国务院领导同志的高度重视和充分肯定，并明确责成中国科协牵头，联合相关部门共同组织实施。根据国务院批复的《老科学家学术成长资料采集工程实施方案》，中国科协联合中组部、教育部、科技部、工业和信息化部、财政部、文化部、国资委、解放军总政治部、中国科学院、中国工程院、国家自然科学基金委员会等11部委共同组成领导小组，从2010年开始组织实施老科学家学术成长资料采集工程。

　　老科学家学术成长资料采集是一项系统工程，通过文献与口述资料的搜集和整理、录音录像、实物采集等形式，把反映老科学家求学历程、师承关系、科研活动、学术成就等学术成长中关键节点和重要事件的口述资料、实物资料和音像资料完整系统地保存下来，对于充实新中国科技发展的历史文献，理清我国科技界学术传承脉络，探索我国科技发展规律和科技人才成长规律，弘扬我国科技工作者求真务实、无私奉献的精神，在全社会营造爱科学、学科学、用科学的良好氛围，是一件很有意义的事情。采集工程把重点放在年龄在 80 岁以上、学术成长经历丰富的两院院士，以及虽然不是两院院士、但在我国科技事业发展中作出突出贡献的老科技工作者，充分体现了党和国家对老科学家的关心和爱护。

自 2010 年启动实施以来，采集工程以对历史负责、对国家负责、对科技事业负责的精神，开展了一系列工作，获得大量反映老科学家学术成长历程的文字资料、实物资料和音视频资料，其中有一些资料具有很高的史料价值和学术价值，弥足珍贵。

以传记丛书的形式把采集工程的成果展现给社会公众，是采集工程的目标之一，也是社会各界的共同期待。在我看来，这些传记丛书大都是在充分挖掘档案和书信等各种文献资料、与口述访谈相互印证校核、严密考证的基础之上形成的，内中还有许多很有价值的照片、手稿影印件等珍贵图片，基本做到了图文并茂，语言生动，既体现了历史的鲜活，又立体化地刻画了人物，较好地实现了真实性、专业性、可读性的有机统一。通过这套传记丛书，学者能够获得更加丰富扎实的文献依据，公众能够更加系统深入地了解老一辈科学家的成就、贡献、经历和品格，青少年可以更真实地了解科学家、了解科技活动，进而充分激发对科学家职业的浓厚兴趣。

借此机会，向所有接受采集的老科学家及其亲属朋友，向参与采集工程的工作人员和单位，表示衷心感谢。真诚希望这套丛书能够得到学术界的认可和读者的喜爱，希望采集工程能够得到更广泛的关注和支持。我期待并相信，随着时间的流逝，采集工程的成果将以更加丰富多样的形式呈现给社会公众，采集工程的意义也将越来越彰显于天下。

是为序。

总序二

中国科学院院长　白春礼

　　由国家科教领导小组直接启动，中国科学技术协会和中国科学院等12个部门和单位共同组织实施的老科学家学术成长资料采集工程，是国务院交办的一项重要任务，也是中国科技界的一件大事。值此采集工程传记丛书出版之际，我向采集工程的顺利实施表示热烈祝贺，向参与采集工程的老科学家和工作人员表示衷心感谢！

　　按照国务院批准实施的《老科学家学术成长资料采集工程实施方案》，开展这一工作的主要目的就是要通过录音录像、实物采集等多种方式，把反映老科学家学术成长历史的重要资料保存下来，丰富新中国科技发展的历史资料，推动形成新中国的学术传统，激发科技工作者的创新热情和创造活力，在全社会营造爱科学、学科学、用科学的良好氛围。通过实施采集工程，系统搜集、整理反映这些老科学家学术成长历程的关键事件、重要节点、学术传承关系等的各类文献、实物和音视频资料，并结合不同时期的社会发展和国际相关学科领域的发展背景加以梳理和研究，不仅有利于深入了解新中国科学发展的进程特别是老科学家所在学科的发展脉络，而且有利于发现老科学家成长成才中的关键人物、关键事件、关键因素，探索和把握高层次人才培养规律和创新人才成长规律，更有利于理清我国科技界学术传承脉络，深入了解我国科学传统的形成过程，在全社会范围内宣传弘扬老科学家的科学思想、卓越贡献和高尚品质，推动社会主义科学文化和创新文化建设。从这个意义上说，采集工程不仅是一项文化工程，更是一项严肃认真的学术建设工作。

中国科学院是科技事业的国家队，也是凝聚和团结广大院士的大家庭。早在 1955 年，中国科学院选举产生了第一批学部委员，1993 年国务院决定中国科学院学部委员改称中国科学院院士。半个多世纪以来，从学部委员到院士，经历了一个艰难的制度化进程，在我国科学事业发展史上书写了浓墨重彩的一笔。在目前已接受采集的老科学家中，有很大一部分即是上个世纪80、90年代当选的中国科学院学部委员、院士，其中既有学科领域的奠基人和开拓者，也有作出过重大科学成就的著名科学家，更有毕生在专门学科领域默默耕耘的一流学者。作为声誉卓著的学术带头人，他们以发展科技、服务国家、造福人民为己任，求真务实、开拓创新，为我国经济建设、社会发展、科技进步和国家安全作出了重要贡献；作为杰出的科学教育家，他们着力培养、大力提携青年人才，在弘扬科学精神、倡树科学理念方面书写了可歌可泣的光辉篇章。他们的学术成就和成长经历既是新中国科技发展的一个缩影，也是国家和社会的宝贵财富。通过采集工程为老科学家树碑立传，不仅对老科学家们的成就和贡献是一份肯定和安慰，也使我们多年的夙愿得偿！

鲁迅说过，"跨过那站着的前人"。过去的辉煌历史是老一辈科学家铸就的，新的历史篇章需要我们来谱写。衷心希望广大科技工作者能够通过"采集工程"的这套老科学家传记丛书和院士丛书等类似著作，深入具体地了解和学习老一辈科学家学术成长历程中的感人事迹和优秀品质；继承和弘扬老一辈科学家求真务实、勇于创新的科学精神，不畏艰险、勇攀高峰的探索精神，团结协作、淡泊名利的团队精神，报效祖国、服务社会的奉献精神，在推动科技发展和创新型国家建设的广阔道路上取得更辉煌的成绩。

总序三

中国工程院院长　周　济

　　由中国科协联合相关部门共同组织实施的老科学家学术成长资料采集工程，是一项经国务院批准开展的弘扬老一辈科技专家崇高精神、加强科学道德建设的重要工作，也是我国科技界的共同责任。中国工程院作为采集工程领导小组的成员单位，能够直接参与此项工作，深感责任重大、意义非凡。

　　在新的历史时期，科学技术作为第一生产力，已经日益成为经济社会发展的主要驱动力。科技工作者作为先进生产力的开拓者和先进文化的传播者，在推动科学技术进步和科技事业发展方面发挥着关键的决定的作用。

　　新中国成立以来，特别是改革开放30多年来，我们国家的工程科技取得了伟大的历史性成就，为祖国的现代化事业作出了巨大的历史性贡献。两弹一星、三峡工程、高速铁路、载人航天、杂交水稻、载人深潜、超级计算机……一项项重大工程为社会主义事业的蓬勃发展和祖国富强书写了浓墨重彩的篇章。

　　这些伟大的重大工程成就，凝聚和倾注了以钱学森、朱光亚、周光召、侯祥麟、袁隆平等为代表的一代又一代科技专家们的心血和智慧。他们克服重重困难，攻克无数技术难关，潜心开展科技研究，致力推动创新发展，为实现我国工程科技水平大幅提升和国家综合实力显著增强作出了杰出贡献。他们热爱祖国，忠于人民，自觉把个人事业融入到国家建设大局之中，为实现国家富强而不断奋斗；他们求真务实，勇于创新，用科技为中华民族的伟大复兴铸就了辉煌；他们治学严谨，鞠躬尽瘁，具有崇高的科学精神和科学道德，是我们后代学习的楷模。科学家们的一生是一本珍贵的教科书，他们坚定的理想信念和淡泊名利的崇高品格是中华民族自强不息精神的宝贵财富，永远值得后人铭记和敬仰。

通过实施采集工程，把反映老科学家学术成长经历的重要文字资料、实物资料和音像资料保存下来，把他们卓越的技术成就和可贵的精神品质记录下来，并编辑出版他们的学术传记，对于进一步宣传他们为我国科技发展和民族进步作出的不朽功勋，引导青年科技工作者学习继承他们的可贵精神和优秀品质，不断攀登世界科技高峰，推动在全社会弘扬科学精神，营造爱科学、讲科学、学科学、用科学的良好氛围，无疑有着十分重要的意义。

中国工程院是我国工程科技界的最高荣誉性、咨询性学术机构，集中了一大批成就卓著、德高望重的老科技专家。以各种形式把他们的学术成长经历留存下来，为后人提供启迪，为社会提供借鉴，为共和国的科技发展留下一份珍贵资料。这是我们的愿望和责任，也是科技界和全社会的共同期待。

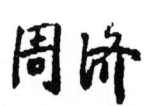

周济

胡皆汉

采集小组人员与胡皆汉夫妇合影

采集小组主要成员在大连化学物理研究所一二九街所区办公室门前合影

目 录

老科学家学术成长资料采集工程简介

总序一……………………………………韩启德

总序二……………………………………白春礼

总序三……………………………………周　济

导　言……………………………………………1

| 第一章 | 清贫的少年时代 …………………………5

出生于穷乡僻壤的山村……………………………5

寒门贫家……………………………………………8

| 第二章 | 少年求学 ································· 12

获得《分韵》字典的小学生 ································· 12
入读专修班和先修班 ································· 17
泗水初级中学 ································· 18
初露锋芒的嗜思者 ································· 20
数、理竞赛冠军 ································· 22
不合时宜的倔强性格 ································· 22
考取省立罗定中学 ································· 24
发表在高中校刊上的两篇文章 ································· 26

| 第三章 | 肄业广西大学 ································· 31

入读国立南宁师范学院 ································· 31
秘密加入中共地下党 ································· 34
放下书包，奔向工业建设 ································· 37
发表在香港《新学生》杂志上的"处女作" ································· 39

| 第四章 | 八年国家机关行政工作 ································· 41

东北工业部新来的年轻人 ································· 41
两次晋升 ································· 47
国家计划委员会的首批工作人员 ································· 49
与石油结下不解之缘 ································· 50
在石油地质勘探中的主要工作 ································· 53
半年的铁窗生活 ································· 54
喜结良缘 ································· 54
入职国家经济委员会 ································· 55
身在政屋望科楼 ································· 57

第五章 终于跨入科研的大门 ... 59

初到石油研究所 ... 59
下放劳动一年 ... 62
为大学生讲授普通物理课 ... 64
为量子化学班讲课 ... 67
如愿以偿从事科学研究工作 ... 68
发表在《物理学报》上的两篇论文 ... 71
两项协作性的研究 ... 73
到农村参加"四清"运动 ... 74

第六章 村居未敢忘读书 ... 76

两次被抄家，两次被关押 ... 76
走"五七"道路，全家下放农村 ... 78

第七章 初步获得了较稳定的科研工作 ... 80

为大连市轻化工研究所做红外光谱分析服务 ... 80
一家人的团聚 ... 83
首次接受所外任务：剖析法国助剂 ... 84
氮肥增效剂的化学结构分析 ... 86
被审稿者否定的论文稿 ... 89
率先引进高压液相色谱仪与核磁共振仪 ... 91
一项具有创造性的研究工作——气相色谱新公式的提出 ... 92
对核磁共振 ABC 三自旋体系提出了一种新的归属方法 ... 95
探索性研究经验谈 ... 97
纪念爱因斯坦诞辰 100 周年的报告 ... 100
出席科技大会 ... 101

难以忘怀的六年时光……………………………………………… 102

第八章　重返大连化学物理研究所……………………………… 105

艰难的归来………………………………………………………… 105
第一次被任命为研究组组长……………………………………… 107
开展化学核磁共振研究…………………………………………… 110
对分子光谱理论和应用的研究与开发…………………………… 112
核磁共振学领域的一些基础性工作……………………………… 117
催化剂红外吸附态的研究………………………………………… 119
获奖与晋升………………………………………………………… 122
解决石油七厂生产降凝剂质量问题……………………………… 125
柞蚕丝生色机理与柞蚕丝结构的研究…………………………… 127
一种中草药抗炎新分子化学结构的确定………………………… 129
抗癌新药的研究…………………………………………………… 130
抗癌药物的后续研究……………………………………………… 133
人发自由基与人生长年龄和重大疾病间关系的探索…………… 135
第一次跨出国门参加国际学术会议和讲学……………………… 136

第九章　花甲岁月后的研究……………………………………… 139

艰难的日子又开始了……………………………………………… 139
发现金属酶一种新的相互作用…………………………………… 143
金属酶新的相互作用的后续研究………………………………… 147
学术兼职当正业…………………………………………………… 149

第十章　年过古稀仍发愤………………………………………… 151

退休………………………………………………………………… 151

师生情 …………………………………………………… 154
　　继续参与原来所做课题的一些研究 ………………… 156
　　担任海洋生物研究组顾问 ……………………………… 158
　　氨基酸化学结构与遗传物质 RNA 中碱基三字码的关系 …… 160
　　与辽宁师范大学的合作 ………………………………… 161
　　大连大学的客座教授 …………………………………… 163
　　著书立说 ………………………………………………… 164

| 第十一章 | 科技之家 …………………………………… 167

结　语 ……………………………………………………… 171

附录一　胡皆汉年表 ……………………………………… 175

附录二　胡皆汉主要论著目录 …………………………… 190

参考文献 …………………………………………………… 194

后　记 ……………………………………………………… 196

图片目录

图 1-1　胡皆汉出生并居住过的祖屋……………………………………6
图 1-2　胡氏祠堂……………………………………………………………8
图 1-3　胡皆汉的母亲蓝秀芳与儿媳沈梅芳、孙子胡伽罗合影…………9
图 2-1　胡皆汉为胡氏祠堂撰写的对联…………………………………13
图 2-2　胡皆汉小学时获得的奖品——《分韵》字典…………………14
图 2-3　胡皆汉为胜乐小学捐赠的书籍…………………………………15
图 2-4　身着童子军服装的胡皆汉………………………………………20
图 2-5　胡皆汉获得全校算术竞赛第一名的奖状………………………22
图 2-6　广东省立罗定中学同学录………………………………………26
图 2-7　胡皆汉发表在罗定中学校刊上的《数学闲谈——韩信点兵术》…27
图 2-8　胡皆汉发表在罗定中学校刊上的《谈谈动物界摄食的方法》…28
图 2-9　胡皆汉高中毕业时部分同学合影………………………………30
图 3-1　收到录取通知书后，胡皆汉写给家人的信……………………32
图 3-2　国立南宁师范学院（理化系）卅七学年度下学期各系级
　　　　学生名册…………………………………………………………33
图 3-3　1949 年 5 月胡皆汉上大学时全班同学的合影…………………34
图 3-4　南宁市共产党组织及党员名单（1925—1949）………………35
图 3-5　1950 年 1 月 15 日建社同仁欢送考取军大社友留影……………37
图 3-6　胡皆汉在《新学生》杂志发表的文章…………………………39
图 4-1　中共桂林市委组织部的致函……………………………………43
图 4-2　胡皆汉的入党志愿表……………………………………………43
图 4-3　胡皆汉与同事陈荫镔的合影……………………………………44
图 4-4　1951 年东北工业部人事处工资科同事合照……………………45
图 4-5　1951 年东北工业部人事处职工郊游时合影……………………46
图 4-6　采集小组访谈陈荫镔……………………………………………51

图 4-7	1957 年 8 月胡皆汉与沈梅芳在北京颐和园合影	55
图 4-8	1958 年国家经济贸易委员会干部支援十三陵水库义务劳动留影	56
图 5-1	中国科学院大连化学物理研究所老楼（一二九街所区）	59
图 5-2	1959 年沈梅芳与胡伽罗在石油研究所门前合影	62
图 5-3	1962 年 5 月胡皆汉与物理教研组同事合影	65
图 5-4	胡皆汉用过的英文字典	70
图 5-5	胡皆汉发表的第一篇论文首页	72
图 5-6	胡皆汉被授予"五好"队员称号	75
图 6-1	胡皆汉曾经劳动过的杂务班	77
图 6-2	1973 年胡皆汉在庄河农村时的住所	78
图 7-1	胡皆汉与刘长乐、张凯等人在曾经工作过的实验室楼前合影	81
图 7-2	1973 年胡皆汉全家在大连市轻化工研究所办公室的合影	84
图 7-3	科技成果奖证书	94
图 7-4	胡皆汉在纪念爱因斯坦诞辰 100 周年的报告手稿	100
图 7-5	职工调整工资审批表	102
图 7-6	1977 年旅大市化工局颁发的奖状	103
图 7-7	旅大市化工局颁发的 1978 年先进工作者称号证书	103
图 8-1	1980 年胡皆汉与郭和夫教授在大连化学物理研究所门前合影	107
图 8-2	1982 年结构化学研究组成员合影	109
图 8-3	20 世纪 70 年代末胡皆汉在实验室的留影	109
图 8-4	1982 年 4 月，全国多原子分子简正坐标计算程序应用讨论班合影	113
图 8-5	《红外与拉曼光谱的计算原理和计算程序》封面	114
图 8-6	1980 年全国分子光谱理论学习班合影	115
图 8-7	《分子振动——红外和拉曼振动光谱理论》中文译本封面	117
图 8-8	《核磁共振波谱学》封面	118
图 8-9	1985 年胡皆汉与暨南大学学员们的合影	118
图 8-10	第一届国际溢流物种学术会议组给胡皆汉发来的邀请函	121
图 8-11	胡皆汉晋升研究员的呈报表	124
图 8-12	"柞蚕茧丝特性基础研究"项目获中国科学院自然科学奖三等奖	128

图 8-13	胡皆汉申请"七五"科技攻关项目的手稿	131
图 8-14	"七五"科技攻关项目获奖证书	131
图 8-15	1988 年胡皆汉在美国参加第 43 届国际分子光谱学术会议时留念	137
图 9-1	2016 年 8 月程国宝接受采集小组访谈	140
图 9-2	1993 年胡皆汉与舒占永、程国宝、苏凡在大连化学物理研究所门口合影	144
图 9-3	1987 年胡皆汉与纪涛等人参加大连光谱学会会议后合影	150
图 10-1	1997 年 10 月 20 日郑学仿博士论文答辩会合影	152
图 10-2	2008 年胡皆汉参加大连大学有机化学硕士生论文答辩会后留影	154
图 10-3	胡皆汉在辽宁师范大学核磁共振实验室指导工作	161
图 10-4	2008 年胡皆汉在大连大学担任客座教授时为学员们讲授光谱波谱课	164
图 10-5	《破释分子——分子化学结构探究例解》封面	165
图 10-6	《实用红外光谱学》封面	165
图 10-7	《紫外、荧光与圆二色性光谱学基础讲义》封面	165
图 10-8	《思维——人类探索大自然的强大武器 读古算书〈九章算术〉随想》封面	165
图 10-9	《启思数学三编》封面	165
图 10-10	《胡皆汉论文选集》封面	165
图 10-11	《回眸科研情——一个科研工作者的回顾》封面	166
图 10-12	《自由探索之追求——胡皆汉自述》封面	166
图 10-13	《秋虫集》封面	166
图 10-14	《泷罗晚画》封面	166
图 10-15	《泷罗晚画诗集》封面	166
图 11-1	胡皆汉与沈梅芳的合影	168
图 11-2	1995 年胡皆汉夫妇在尼亚加拉大瀑布合影	170

导 言

一、传主简介

胡皆汉 1928 年出生于广东罗定县（今罗定市）泗纶镇高寨村。1948 年考入国立南宁师范学院，不久参加了中共地下党。1950 年大学只读了不到 2 年，随后在东北工业部、国家计划委员会、国家经济贸易委员会工作。1955 年"肃反"时，因为他初中时参加过"三青团"，被捕入狱。半年后，胡皆汉被释放，恢复了工作，被任命为国家经济贸易委员会石油工业局综合组组长、局长秘书。1958 年 6 月，胡皆汉调至中国科学院所属的石油研究所（大连化学物理研究所的前身）。1959 年 4 月，来到大连研究所不到一年便被下放到农村劳动一年，随即在大连化学物理学院教了两年多物理课。1973 年 6 月才从农村调到旅大市（今大连市）轻化工研究所分析室从事光谱分析工作。

1978 年，大连化学物理研究所进行学科调整，第二研究室需要一个结构化学方面的学术带头人。时任副所长、第二室主任郭和夫（郭沫若长子）将胡皆汉调回大连化学物理研究所。1979 年 12 月，胡皆汉回到大连化学物理研究所并担任结构化学与分析研究组组长。1981 年晋升为副研究员，1986 年被中国科学院批准为研究员，并于同年被国务院学位委员会批准为博士生导师。

胡皆汉的科研成绩显著、研果累累，迄今为止，在《中国科学》《科学通报》《物理学报》《美国化学磁共振学报》《化学学报》等国内外10多种科学期刊上发表科学论文240余篇，出版科学专著8本（其中5本为个人独著，3本为2人合撰，均为第一作者）、文史性著作3本（皆为独著）。退休前培养博士生7名、硕士生18名；退休后协助有关教授指导博士后2人、硕士和博士研究生20余人。曾任中国光学会光谱委员会副主任委员、中国物理学会波谱学会理事、大连市光谱学会理事长、《光谱学与光谱分析》期刊副主编、《波谱学杂志》期刊副主编、《结构化学》期刊编委等职。曾获国家、中国科学院自然科学奖、科技进步奖、科技成果奖8项。1992年起享受国务院特殊津贴。

二、采集过程及成果

2016年春节前夕，胡皆汉学术成长资料采集小组成立，由姜文洲担任组长。主要负责对外联系和协调、访谈并整理初步访谈稿，撰写研究报告、大事年表、资料长编等工作；唐乾、曹洪玉、马子辉主要负责资料整理、归档等工作。

2016年6月，广东已进入盛夏，采集小组一行3人冒着酷暑来到了胡皆汉的家乡——广东罗定进行采集和访谈，沿着胡皆汉青少年成长的足迹一路走来，收获颇丰，更受益匪浅。在此期间，先后访谈了胡皆汉家乡的父老乡亲、中学同学、校长，以及罗定市政府领导等人；搜集的资料有书籍5件，光盘2张，手稿和信件各2件，其他资料41件；采集和现场拍摄照片49张，拍摄视频资料时长192分钟，音频时长142分钟。

2018年10月，采集小组将采集资料上交采集工程数据库（含2016年到广东采集的资料）：其中，口述资料29件，传记回忆类18件，证书、证章类80件，信件类577件，手稿类279件，论著类7件，论文16件，新闻报道类6件，照片类159件，其他类72件，采集成果类2件，共1245件；直接、间接访谈的音频总时长2297分钟，视频总时长2645分钟。

三、本研究报告的思路和框架

胡皆汉的学术成长经历有其特殊性。他出生于偏僻的山乡农家，大学只读了不到2年，接着又从事了8年行政工作，30岁后才调到科研单位，其后又因初中时曾参加过"三青团"与"文化大革命"等被关押、下放农村劳动，到51岁才重新被调回中国科学院大连化学物理研究所工作，开始有了比较稳定的研究环境。他没有留过学，也没有得到过名师指导，全凭自己刻苦奋斗，成为一名科学工作者。

考虑到上述情况，在经多方资料考证基础上，本书依时间顺序记述了胡皆汉的求学过程、从政情况，以及到研究单位后的详细研究历程。胡皆汉的学术成长经历主要分为三大方面：一是怎样从一个山乡少年成长为致力于基础研究与理论研究和前沿研究的科学工作者；二是一个科学基础知识很低（大学读了不到两年），从政8年，之后又长期遭受挫折，处于艰苦情况的人，如何刻苦学习与充实自己的科学知识和专业知识；三是在科学研究中，单位与领导分配他做的只是服务性的分析工作，他不仅圆满地完成了这些服务性的各种分析工作，还在此基础上与引申下，拓展至规律性、理论性、学科性、创新性的研究，在当时的国内科学研究环境下，能做到比"任务带学科"还要难的"服务带学科"，其困难与追求精神可想而知。这主要的三方面便构成了胡皆汉先生的学术成长经历。

本书共分十一章：

第一章介绍胡皆汉家乡的自然、文化及家庭背景，以及母亲坚强的性格对他一生的影响。

第二章记录了胡皆汉的小学和中学时代，以及在艰苦的战争环境下求学对他成长的影响。

第三章记述了胡皆汉在国立南宁师范学院读书的情况、学生爱国民主运动对他思想的影响，以及他如何参加地下党，凭着一股革命热情中断学业和毕业前后的一些经历。

第四章主要介绍了胡皆汉在国家机关工作的经历。无论在东北工业部还是国家计划委员会、国家经济贸易委员会，他对待工作热情、努力，取得了许多成绩,得到了较快提升。

第五章描述了胡皆汉到石油研究所从零碎的行政工作做起,接着被开除党籍,然后下放一年。真正开始开展科研工作是在1963年,也就是他来到这个研究所5年以后。

第六章主要记录了胡皆汉在"文化大革命"前期受到的冲击。

第七章介绍了1973年胡皆汉调回大连后,他的各种处境得到了很大改善,并开始了相对稳定的科研工作。

第八章重点介绍了胡皆汉担任研究组组长后,努力工作,将他所领导的题目组建成一个既有实践经验,又有理论性、探索性、前沿性研究的结构化学研究组。

第九章主要介绍胡皆汉在60岁以后的科研工作情况。

第十章介绍了退休后的胡皆汉继续指导所内、所外人员搞科研的一些感人事迹。此外,还介绍他著书立说的情况。

第十一章主要介绍胡皆汉与夫人沈梅芳家庭及儿孙辈的一些情况。

第一章
清贫的少年时代

出生于穷乡僻壤的山村

胡皆汉的家乡在广东罗定县泗纶镇高寨村，属偏僻山乡。

1928年7月23日，罗定的天气非常炎热，收割正忙，也就是在这一天胡皆汉出生了。据他本人回忆：听老一辈人说，那天我母亲挺着个大肚子正在稻田里收割水稻，突然一阵腹痛，急忙回家，刚入家门不久，便生下我，从此那户农家有了第一个男孩。①

罗定县位于广东省的西部，西面毗邻广西壮族自治区的岑溪县，东离广州的广东省客运站约有207千米，现在有高速公路，乘汽车3小时可到达；但在新中国成立前，由于交通不便，从罗定乘船辗转到广州，往往要

---

① 胡皆汉：《自由探索之追求——胡皆汉自述》。长沙：湖南教育出版社，2015年。

图 1-1 胡皆汉出生并居住过的祖屋

走两三日。胡皆汉出生的泗纶高寨村，离县城 30 多千米。村子四面都是高山峻岭，溪深树高竹长。这些山岭发源于广西壮族自治区的勾漏大山，属于云开大山山脉。在罗定境内海拔超过 1000 米的高山就有 8 座，离高寨村约 20 千米的云盖顶山高 1251 米，其附近的亚婆髻山高达 1098 米。罗定古属南蛮之地，自唐至明末，僚族、瑶族人先后入居于此。

明万历五年（1577 年），明朝派兵 10 万镇压罗旁山区瑶民起义后，此地才称罗定，取罗旁被平定之意。以后汉人才大量陆逐迁入，从此成为主要居民。胡姓入罗始祖，悦兴公于明末清初才由广东鹤山迁至罗定，至今胡姓居民已发展至数千人。罗定开发较晚，山多地少，人民艰苦而勤劳。

罗定地理位置非常独特和重要，以至于引起孙中山的高度重视。他在《建国方略》中关于建设中国西南铁路系统的宏伟计划中，提出了以广州铁路系统为终点，建设沟通西南的 7 条铁路的设想。其中的广州思茅线，东起广州西南隅，西至缅甸边界，全长 1700 千米，经佛山、官山（西樵），由太平殷墟过西江、进高明（三洲）、新兴、罗定；经罗定进入广西等地。孙中山这个设想是把中国西南与南方大港连接在一起，进一步开放西南，发展对外贸易。由此可见，在孙中山建设西南铁路系统的设想中，罗定的地位极其重要，因为它是连接两广的交通枢纽。

罗定虽处穷乡僻壤，但历代从军的人很多，到民国时期达到高潮，几乎村无空白。将军级共15个，其中有1个兵团司令，6个军长。这些名将中最有名的是蔡廷锴，他指挥的一·二八淞沪抗战举世闻名。

相对而言，罗定文化则比较落后。它虽于1991年被广东省人民政府列为第一批广东省历史文化名城，但历史文化名人很少。对此胡皆汉曾经这样感叹过"清代200多年，罗定只出过一个进士。民国时期，大家开始读小学、初中，到1949年前，大学毕业的人，全县也不过400多人，当时全县的人口约40万，现在差不多100多万人了。当时平均1000人里只有1个大学生。新中国成立以前高中毕业生也就几千人，文化相对落后。大学毕业生与高中毕业生很少有人从事自然科学的研究。我查了一下罗定县的历史，1949年以前，只有一个人到比利时读桥梁工程，后来做了广州建设局的总工程师。所以对我来讲，没有科学文化熏陶，缺乏文化环境。"[1]

胡皆汉出生的高寨村，屋舍多建于一座山脚的平坡地上。当时有村民1000多人，以胡姓人为主。村中的环境、宗祠等给胡皆汉留下了深刻的印象，他曾满怀深情地回忆：

村中有几方池塘，胡姓陈姓宗祠四间，洪圣庙一座，屋舍参差，泥砖（间有青砖）瓦盖，东西南北向都有，间种果树，鸡鸭牛猪杂走其间，村民荷锄归晚，孩童赤足游走，夏夜蛙鸣，繁星在空，晨炊烟缕，吸水陂头，夏夜池塘边乘凉，彼此闲谈，消累去热——一片旧时农村村景，至今难忘，留在记忆中。[2]

高寨村的南面有一块很小的盆地，面积约有1平方千米，因为面积不大，村人都称它为垌，又因其间建有一庙，名为松木庙，因而又称此垌为

---

[1] 胡皆汉访谈，2016年8月3日，大连。资料存于采集工程数据库。
[2] 胡皆汉：《自由探索之追求——胡皆汉自述》。长沙：湖南教育出版社，2015年。

图1-2 胡氏祠堂

松木庙垌。垌里都是稻田，有溪水绕村边而过，可以灌溉稻田，这是村民赖以为生的主要粮食之地。周边山上还开有山地，常种植地瓜、花生、黄豆、木薯等作物以补稻田收获之不足。当时种田的方式，仍与秦汉时期的耕作方法差不多，用的工具是旧式的犁耙锹锄，施的肥料是人牛猪鸡粪肥和池塘淤泥，没有良种，用力多而收获少，一天从早忙到晚，一年两造（春夏两次耕种），每亩稻田收稻谷不到300千克。加以当时人多田少，人均不到1亩田，所以村里多数人一年忙到头，一天也吃不到一顿干饭，多以稀粥杂粮充饥。就是在这样的艰苦环境下，造就了高寨村人勤奋、耐劳、坚强、刻苦的坚毅性格和品德，而这一切又深深地影响了胡皆汉，使他养成了勤奋向上、同情弱者的品格。

寒门贫家

胡皆汉的父亲胡成巨是个孤儿，很小父母便已去世，只读过一两年私塾，识得一些字，但算盘打得极好，是村上和镇上打算盘打得又快又准的好手之一。稍长，便到镇上一家商店给老板当伙计，多年之后便成了那间名叫三和祥商店的股东之一，占有该商店四分之一的股份。据胡皆汉回忆：

> 到了20世纪40年代初，大股东不要父亲了，分了几千元给他，当时100斤稻谷也就2元钱，所以几千元钱相当多了，但是那时正值抗战时期，货币贬值很快，而父亲又不愿意把分到的钱置买商品，于

是家境大不如以前。幸运的是，父亲以前租买到十五六亩学田，这些学田是县里菁莪书院购置的田产，带有助学基金会的性质。菁莪书院买到这些田就租给人家，但租买的人有永久的使用权。而且租费很低，虽说是租的，但是交租很少。我家有租来的学田十五六亩，还有一两亩自耕田，我家在村里也算是个中等的人家。一日三餐，两粥一饭，比村里多数人一天三粥要好些。①

胡皆汉的母亲姓蓝，没有名字，没读过书，新中国成立后才取了名字，叫蓝秀芳。尽管母亲没有什么文化，但她性格坚强，人也很聪明，农活样样都会。

据胡皆汉回忆：

> 我母亲敢于说话，尤其对不合理的事敢于抗争，偶尔也敢顶撞我父亲，这在当时的妇女中应当是不多见的。②

胡皆汉的父亲在镇上经商时，家里的田地全由母亲耕种管理，除6月农忙时父亲回来帮助做些农活或不得已请些短工外，其余农活全由母亲一人承担，很是辛苦。这样的环境造就了胡皆汉敢于担当、勇于负责的性格。胡皆汉在很小的时候就懂得体谅母亲，并成为母亲的得力帮手，看牛、积肥、收割、晒谷、担谷等农活胡皆汉样样都做。据胡皆汉回忆：

图1-3 胡皆汉的母亲蓝秀芳（抱孩子者）与儿媳沈梅芳（左侧站立者）、孙子胡伽罗合影（1958年，胡皆汉提供）

---

① 胡皆汉访谈，2016年8月3日，大连。资料存于采集工程数据库。
② 同①。

第一章 清贫的少年时代

大概从10岁起,每年的暑假农历六月禾稻割完后,我都要帮家里练田,就是把割下的稻秆与稻根用牛把它们踩踏后压到泥土里,发酵后,既可肥田,又可松土。6月天气炎热,天还未明,我就把牛从牛栏里牵出,赶到田间,绳牵牛鼻,我跟在牛后,在田地里往复踩踏,稻根锋利,脚虽缠上布带,有时也会把脚划破。当年我脚上留下的伤疤,至今可见。那时天未明练田,日上一竿,母亲便会把一煲油盐粥(粥里放些油盐)拿到田里给我吃,有时家里母鸡生了蛋,母亲便会在粥里打个鸡蛋,算是给我的奖励,贫家母爱,在此可见一斑。凡此种种,当时虽然也感觉很累,但练就了一身好体格。①

胡皆汉非常敬佩自己的母亲,她有胆识,敢于担当,遇到不合理的事情历来是沉着应对,奋起抗争。20世纪50年代初,他的家乡进行土地改革时,将他家的成分划定为富农。胡皆汉的母亲找到土地改革负责人,力争说:"我家没请过长工,什么农活都是我们自己做,没有剥削别人,我家种的也是租来的学田,还要交租,为什么把我家划为富农?!"② 当时对家庭成分的划分,从某种意义上来说日后对胡皆汉本人与他家庭甚至后代的命运会有一定影响。由于胡皆汉的母亲敢向土地改革队提出异议,最终胡家的成分划定为上中农。胡皆汉曾用无比钦佩的口气说:

我钦敬我的母亲。她的这种据理抗争的勇气也多少遗传给了我,使我也成为一个面对强者敢于提出异议与对无理要求不轻易低头的人。③

母亲是胡皆汉最亲密、最依赖、最可靠、最放心的人,可以说,胡皆汉对于家庭的依恋是从对母亲的依恋开始的,因此,母亲在胡皆汉心目中有着非常特殊的地位。胡皆汉自读高中便离开母亲到罗定县城求学,从那

---

① 胡皆汉:《自由探索之追求——胡皆汉自述》。长沙:湖南教育出版社,2015年。
② 胡皆汉访谈,2016年8月3日,大连。资料存于采集工程数据库。
③ 同①。

时起他一直想念着母亲，尤其是自己成家后，每逢春节，他就会想起幼时近年节的情景，家里虽然贫困，但年底父母总会给他做套新衣，买些鞭炮给他放。1989年2月4日（阴历除夕），当他听到窗外的鞭炮声后，满怀深情地写下以下诗句：

年年除夕一岁除　儿时记忆已疏稀
稚童未谙父母苦　只盼鞭炮换新衣

胡皆汉共有兄弟姐妹6人，但由于当时贫困和医疗条件落后，最终能够养育成人的只有他和一个弟弟。在家中他与大2岁的姐姐感情至深。胡皆汉10岁时姐姐因高烧救治不及时去世。姐姐的离去，使原本贫困冷清的家庭更增添了一层浓浓的悲凉。生性好强的母亲一夜之间突然变得苍老不堪，也给胡皆汉幼小的心灵造成了极大的伤害。虽然姐姐已去世多年，但胡皆汉对姐姐的思念依然如故。

胡皆汉家的亲戚很少，父亲只有姐弟两人，姑母嫁到邻村，家境比较贫穷。外祖父在胡皆汉未出生时就去世了，外婆一个人住在离他家约5里路的一座山脚下。胡皆汉小的时候常去探望外婆，看到外孙来了，外婆非常欢喜，虽然她平时吃的是地瓜、木薯、稀粥，纵养有鸡，生下鸡蛋，也是拿到市集卖掉，换些油盐，但见到胡皆汉去，也会尽量煮些干饭，蒸些鸡蛋给他吃。胡皆汉偶尔也会在外婆家小住。外婆家中没有油灯，没有蜡烛，常常日出而作，日落而息。在胡皆汉心目中，"外婆是慈爱的，永远令我怀念"[①]。

胡皆汉就是在这样的家庭背景下长大的，没有权势人家的尔虞我诈，没有诗书之家的礼仪束缚，使他养成了纯真而朴实、直爽的性格。可是，在这种背景下，由于从小缺乏文化气氛的熏陶，囿于贫困的境地，视野狭窄，知识匮乏，对胡皆汉的处世和其所从事的科学研究也有一定影响。

---

① 胡皆汉：《自由探索之追求——胡皆汉自述》。长沙：湖南教育出版社，2015年。

第二章
少年求学

　　胡皆汉 8 岁开始求学，经过 12 年的辛苦和磨难，终于高中毕业，结束了中小学的教育阶段。这 10 多年间，他先后就读于高华小学（现称胜乐小学）、泗水中学（现称泗纶中学）和罗定中学。离校后，他始终心系母校、感恩母校。无论走到哪，无论走多远，无论走多久，他始终没有忘记哺育他成长的三所母校。

获得《分韵》字典的小学生

　　胡皆汉童年时正处于 20 世纪 30 年代，那时新文化虽已逐步建立，但封建时期的文化残余还未完全清除，特别是在偏僻的山乡更是如此。
　　胡皆汉入学那年，他家附近有些村中还有读三百千（三字经、百家姓、千字文）的私塾。但他所在的高寨村已没有私塾，并在早些年便建立了一所完全小学（1 至 6 年级都有）——高华小学，这是泗纶镇里第二所完全小学（第一所完全小学是设于镇上的罗西小学）。附近村里的孩子也大都到这里读高小（五六年级）。以村中胡氏宗祠为校舍，还有一个课堂设于村中洪圣庙的后堂。

胡皆汉入学时，村里还有私人开设的书馆。不知什么原因，胡皆汉最初入学时，他的父亲并没有直接将他送到高华小学去读书，而是把他送到由胡大本开设的名叫"窗馆"的书馆读了半年。"窗馆"停办后，他又转到由胡文洲开设在"蚕房"（过去养过桑蚕的房子）的书馆读书，读了半年，"蚕房"书馆也停办了。第二年，父亲才把他转到高华小学读小学二年级，直至小学毕业。

图 2-1　胡皆汉为胡氏祠堂撰写的对联

据有关史书记载："光绪维新以来，罗定不少乡村私塾已改为学校，采用新法教育。清末，罗定陈子铠、胡其焕先后就读于张之洞创办的广雅书院。到了民国元年（1912 年），罗定出了 5 位大学生，分别是在两广方言学堂毕业的沈重素和黄荣球；在广东高等师范学校毕业的陈汝季、陈伯宣、李冠华。两广方言学堂是清末唯一公立的高等学府。"[①]

胡皆汉读小学时还没有实行义务教育，但学费较低，每学期只收几斗稻谷作为学费。当时读小学的人很少，高华小学每年级也只有一个班，班里有二三十人。自胡皆汉的高祖父辈起，到他这代有 20 余人，但读到小学毕业的，只有胡皆汉一人。对此，胡皆汉感慨地说：

> 在这么少人读书的环境中，我父母能送我与姐姐读书，也算是我人生中的一大幸事。[②]

---

① 陈大远:《罗定民国春秋》。北京：北京金城出版社，2021 年。
② 胡皆汉:《自由探索之追求——胡皆汉自述》。长沙：湖南教育出版社，2015 年。

第二章　少年求学

胡皆汉读小学时的课程有语文、算术、自然、地理、历史和公民课，此外还有体育、音乐和劳作课。体育课只有打乒乓球和打篮球两项。在小学校际间比赛时，胡皆汉常常是这两项比赛中代表学校出赛的队员。胡皆汉读小学时，学习成绩非常好，每学期成绩都是班上的前两名。因此，他经常获得学校发的《分韵》字典之类的奖品。尽管胡皆汉喜欢学习，而且学习成绩优秀。但是他非常好动，也很调皮，有时也和人打架。据他自己回忆：

> 我读小学时很调皮，为争论问题或为不平事，我常常和同学打架，有次被一个大点的同学打得头破血流。还有一年我去赌钱，当时有一种赌法，是写了一首暗示的诗，让大家据诗去猜，不少大人也去猜，我往往猜中不少，他们都觉得我这小家伙还能猜中，有点小聪明。后来父亲知道我参加赌博的事，重重打了我一顿，我再也不敢去赌博了。[1]

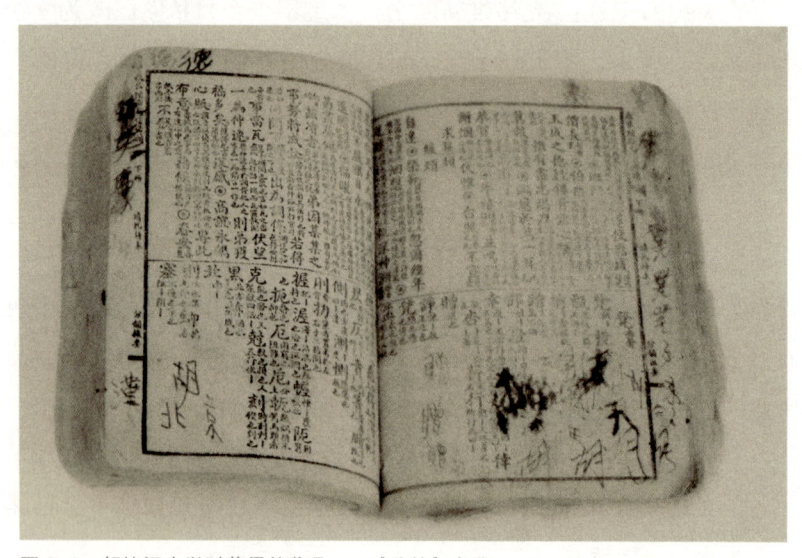

图 2-2　胡皆汉小学时获得的奖品——《分韵》字典

---

[1] 胡皆汉访谈，2016 年 8 月 3 日，大连。资料存于采集工程数据库。

几年的小学很快就毕业了，胡皆汉最大的获益不仅仅是取得了优异的成绩，经常获得奖品，主要是培养了他善于思考、敢于提出疑问的信心。他是这样总结自己读小学的收获的：

> 当时能考前一二名的都有奖励，发的奖品多是《分韵》字典之类的东西，我经常得到这样的奖品。对我影响特别大的是小学数学老师辛炳球，他经常在课堂上出很多数学题，看谁做得又快又准又多，我常常是做得又快又准又多的那个人。
>
> 辛老师对我的影响非常大，我日后之所以喜欢上数学与他的教诲有很大的关系。其他如自然、语文、地理、历史课我学得还可以。我特别喜欢自然课，喜欢听老师的讲解。我小的时候对死记硬背的课程不太喜欢。我个人认为：一个人从小学习时就应多问为什么。记得有一天校长沈汝珍说要讲讲天上星星的故事，我听说后特别高兴，后来不知什么原因校长没有讲，我感到很遗憾，因为当时的我特别想知道天上的繁星究竟是些什么东西？①

图 2-3　胡皆汉为胜乐小学捐赠的书籍

---

① 胡皆汉访谈，2016 年 8 月 3 日，大连。资料存于采集工程数据库。

美不美，家乡水；亲不亲，故乡人。胡皆汉对于生他养他的故乡，常怀一颗感恩之心。自从离开家乡后，胡皆汉始终眷恋着他的故土和母校，无论走到哪里，他始终心系家乡，怀念家乡。

20世纪90年代初，胡皆汉满怀深情地为他的母校写了一封信：

给家乡小学校长的一封信

胜乐小学校长并校董会：

　　我生于高村，幼时就读于村中小学。几十年过去了，于今已白发老叟，然亦时有想念故土缅敬老师情怀。今日得闻兴资新建村中小学校舍，振兴教育，实感高兴，深感此实为吾乡百兴中之首兴也。现寄上400元以作为建校之捐资；我工资不多，此捐资出于我今年获得中国科学院自然科学奖之少许奖金中，钱虽少，而意实厚也。

　　吾尚有感然：智识人才、强国之本，富民之源，昔者已然，于今益是，来日尤烈。吾未闻愚昧而国能兴，乡能富，而民有识有技有能有才有德者也。故曰，兴学者，其乡终富，其民必强。望继新建校舍之善举，更能重聘重用贤师教吾乡子弟，于学于教，勤勤然，奋奋焉，万丈高楼平地起，根深则叶茂则果硕，于小学阶段打下扎实的良好的学习基础，以使学子他日在学习道路上不断奋进，出于深山，进乎高堂，益于人寰。苗壮根固，百年树人，小学责任大焉。有感于斯，也为微谢生我育我之故乡、母校，特就对联一副，"学求"一篇，以献于新建校舍之馆，如果家乡老师、父老兄弟以为尚可，则望录写于新建校舍适当之处，望师生与我共勉之。

罗中子弟
胡皆汉上
1992年11月18日

信中提到的对联和"求学"篇如下：

对联

胜于勤又乐于学

高兮德而村兮材

横批：勤学德材

学求

学之初，务必勤，勤而学，学而进，进而广，广而专，专而精，精而思，思而深，深而索，索而研，研而得，研于自然，得乎新知，得乎规律，记为文章，化为生产，献于人寰，益于社会，浩浩乎，志在其中，乐在其中矣。

校友胡皆汉谨识
1992 年 11 月

入读专修班和先修班

1941 年夏天，胡皆汉小学毕业了，那时镇上还没有中学，同学曾国瑞邀胡皆汉一起到离村约 70 里远的县城投考中学。到县城时，最有名的广东省立罗定中学已经考完，只有罗定县立师范中学还没有进行招生考试，他们便去报名，当时该校要招一个初中班，只录取 50 人，而报考者却有 1000 多人，初试胡皆汉考了第 35 名，最后复试考了第 15 名，同学曾国瑞初试便名落孙山。

胡皆汉高高兴兴地回到家里告知他的父母，父母和村里人都很高兴，能在这么多考生中脱颖而出，自然是一件可以光宗耀祖的事。可是胡家家境已不如以前经商的时候，父亲没钱送他到县城读书，因此读书的事只好作罢。对此村里不少老人都很惋惜，还编了一句顺口溜"读得没读得，得读没得读"，意思是有钱人家的孩子能够有钱读书，但是考不上，没钱人家的孩子能够考上，但没有钱去读。不过，通过这次考试，胡皆汉的母亲也知道自己的儿子能读书，而且能读好书，于是她劝说丈夫，一定要让儿子继续读书。

正好那时镇上有个私人开设的专修班，胡皆汉的母亲就劝说丈夫让儿子到这个专修班读书。这种专修班实际是旧式教育的某种延续，教的是《东莱博议》与《故事琼林》这类的书，此外还教怎么写对联与婚丧如何写请帖、贺仪之类的知识。时至今日，胡皆汉对于讲课的内容记忆犹新。据胡皆汉回忆："记得《东莱博议》中有一篇是论述春秋战国时期卫懿公好鹤亡国的故事，其中有几句是'卫懿公好鹤而亡其国，玩一禽之微，而失一国之心，人无不窃笑者……'国人都责备他，但这篇文章的作者却不完全同意这种观点，说'吾以为未然也'，提出异议，进行辩解（即所谓的博议），认为卫懿公总比那些欺凌压榨老百姓的无道昏君与喜欢攻占的战争贩子要好些。"[①] 对于这篇课文，少年时的胡皆汉也模模糊糊地觉得，不管作者是否有道理，他对事物能够提出质疑，能够独立思考，提出与众不同的观点，有思想的人就应该这样。年少时学习的体会对于胡皆汉而言，培养和启迪了他最初的质疑和"不唯上，不唯书，只唯实"的精神。

胡皆汉读了半年专修班之后，正好镇上拟建一所初级中学，计划第二年（1942年）夏正式招生。在正式招生之前半年，先开设先修班，于是他又读了半年的先修班，并以优异的成绩免考了以后的入学考试，成为该校初中的第一届学生。

泗水初级中学

当时胡皆汉的家乡泗纶镇上没有中学，1938年广州沦陷，广州的不少中学搬迁到粤西山区的罗定，其中长城中学与金陵中学的一部分学生于1938年年底到1940年分别迁到泗纶镇上的毓秀堂和高寨村里的陈家祠，

[①] 胡皆汉访谈，2016年8月3日，大连。资料存于采集工程数据库。

不过一两年后它们又都搬回罗定县城去了。泗纶中学建于1942年8月，新校舍在罗西山麓，为砖瓦木结构，是一幢高两层的意大利式十字通巷的教学楼和一座平房式礼堂，当年正式开学，命名为罗定私立泗水初级中学，第一任校长是陈伯宣。

1941年胡皆汉小学毕业时泗纶镇上没有中学。在他读了半年专修班时，恰好镇上正准备建立一所初级中学。对此，胡皆汉心存感激：

> 如果不是后来家乡父老筹建了这所泗水初级中学，我很有可能从此就要辍学，以后的命运就可想而知了——也不可能成为一名科研工作者了。①

为什么能建这所中学呢？据说是抗战期间，著名抗日将领沈光汉（泗纶镇泗荣人，曾任19路军74师师长）回到了家乡泗纶镇，他的儿子沈大中与胡皆汉年纪差不多，也正要读中学（他后来成了胡皆汉初中时的同班同学）。鉴于家乡教育事业的落后，于是沈光汉牵头提议在镇上建立一所中学，取名为泗水初级中学。建校经费则由当时乡中在南洋工作的华侨捐款和乡中沈、黄两大姓与其他姓族共同筹款而得。开办学校初期，沈光汉曾多次到校讲话并给学校捐赠了一套《万有文库》，勉励全校师生勤教苦学，勿忘抗日救国。据胡皆汉回忆：

> 我所读的初中是在罗西平顶山上建起了一座两层有10多间教室与房间的飞机式的新校舍，青砖白墙，课室光亮，前有宽阔的操场，内有可供借读的图书室，老师全都具有大学或专科以上文凭，他们多是广州、香港、澳门沦陷后到罗定来的中学老师，很有教学经验。我后来能得到他们的教诲，也真是一种幸运。②

1942年夏，学校正式招生。每个年级招收两个班，每班50人，学生

---

① 胡皆汉：《自由探索之追求——胡皆汉自述》。长沙：湖南教育出版社，2015年。
② 同①。

图2-4 身着童子军服装的胡皆汉（1943年，胡皆汉提供）

不限于本镇，不少是来自附近的各乡镇，甚至有来自邻县信宜县的学生（胡皆汉的同班同学曹茂华便是信宜县人），在当时这所中学具有一定的规模，是罗定县较早建立的四所中学之一，其他3所是省立罗定中学（建于1911年）、县立罗定师范学校（建于1928年）和泷水中学（建于1929年）。

胡皆汉是该校第一届甲班的学生，除英语学习成绩平平外，其余各科学习成绩都比较好，每个学期考试成绩都在班里的前3名，可以免交或减交学费（每学期交150斤稻谷）。胡皆汉在班级中担任童子军的副中队长，还是校中自治会的主要成员、校中小有名气的优秀学生。

初露锋芒的嗜思者

胡皆汉小学时就比较喜欢算术，初中学了几何、代数时，因为需要更多的抽象思维与逻辑推理，他就更喜欢数学了。在学几何时，同一道命题，他总想尝试几种不同的证法。

举个例子。证明三角形的三个内角之和等于180度（即等于一个平角）的命题。胡皆汉所学的几何课本是这样证明的：

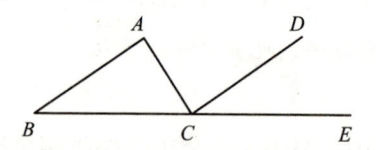

作 $CD \parallel AB$，由于内错角 $\angle BAC = \angle ACD$，同位角 $\angle ABC = \angle DCE$（见前面已证命题），所以，

$\angle ACB + \angle BAC + \angle ABC = \angle ACB + \angle ACD + \angle DCE =$ 一个平角 $=180°$

后来，胡皆汉从另一本几何书上看到略有不同的证法。它作的平行线如下图：

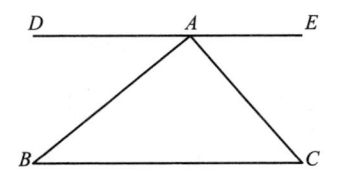

证法为：过 A 点作 $ED /\!/ BC$，于是内错角 $\angle DAB = \angle ABC$，$\angle EAC = \angle ACB$；所以 $\angle BAC + \angle ABC + \angle BCA = \angle BAC + \angle DAB + \angle EAC =$ 一个平角。这一证法，不像上述证法要用到同位角相等的命题，似乎更胜一筹。胡皆汉看了，眼前一亮，于是他开动脑筋，又想了一种不同的证法：

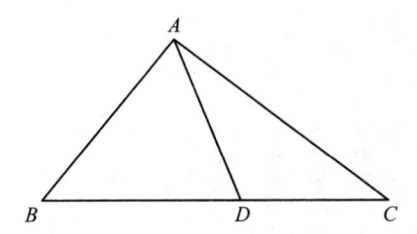

在 △ABC 内作 AD 直线，便把 △ABC 分成两个三角形 △ABD 与 △ADC。两个三角形的内角和 $\angle BAD + \angle ABD + \angle ADB + \angle ADC + \angle DAC + \angle DCA = \angle BAD + \angle DAC + \angle ABD + \angle DCA + (\angle ADB + \angle ADC = 180°) = \angle BAC + \angle ABC + \angle ACB + 180°$；即原三角形 △$ABC$ 的内角和加上一个平角，亦即由一个三角形分为两个三角形，即增加一个三角形时便多了一个平角（$180°$）。由于 AD 的划法是任意的，所以增多的任意三角形的内角和都等于一个平角。

这种做法虽然略欠严谨性，但更简便，不用平行线方面的定理，开启了新思维。这个例子说明胡皆汉从少年起就有创新思维，从不满足于书本上已有的知识。胡皆汉的这种思考方法，对他后来从事科学研究有着很大益处。

数、理竞赛冠军

在胡皆汉看来,数学是最能使人开动脑筋与促进人创新思维的一种学科。所以,他从初中起就喜欢数学,加上当时教数学和物理的罗愈奇老师(毕业于中山大学,几年后又当了郁南二中的校长)教导有方,善于启发学生思考。罗愈奇老师主持过一次全校的算术比赛,比赛的方法是:在一张考卷上有几十道算术题,全校学生同时在课堂上做,预先不告知你要做多长时间,只要有人第一个交卷,便立刻打铃,所有学生全部交卷。结果有一个同学做了不长时间,做不下去了,便去交卷,胡皆汉当时也只做了约3/4的考题,得了70多分(满分为100分),获得了全校比赛第一名,获全校比赛第二名的只有40多分,多数同学得10~20分。后来学校还举行过分年级的物理、化学比赛,胡皆汉都获得了第一名,这样胡皆汉便获得了三项冠军,这极大地鼓舞了胡皆汉对数、理、化的兴趣,从而更加努力学习。

图 2-5 胡皆汉获得全校算术竞赛第一名的奖状

不合时宜的倔强性格

胡皆汉读初中时成绩虽好,但在体育毕业考试的时候,与体育老师冼宗源发生了一次冲突。在考跳高的时候,胡皆汉先考过了,跳得还比较高,成绩很不错。他考过后,便站在一旁看其他同学跳。有个同学还未起跳，不知谁把跳高的横杆弄了下来，老师没看见，因为胡皆汉靠得比较近，老师便认定是他弄下来的，要胡皆汉拾起放上。胡皆汉回答老师说"不是我弄的，为什么要我拾起？"老师见他不服从，感觉自己非常丢面子，在这么多同学面前居然叫不动一个学生，便用命令的口气逼着胡皆汉收拾好横杆放回原处。这时，胡皆汉的那股倔强劲也上来了，老师越要他拾起放上，他就越不服从。在他看来，让他收拾好横杆放上，是没有道理的事情。这样争执了好长一段时间，彼此各执己见，无法解决。因此，正常的跳高考试也没再继续下去。

校长吴启芳和教导主任赖达真知道此事后，就把胡皆汉叫到校长室，批评他不听老师的话，要他向老师赔礼道歉，并让他回去把横杆拾起放上，继续考试。胡皆汉不但不听校长的话，反而说校长"不问青红皂白、不讲事实、没有调查、没有核对事实就批评自己"。听完胡皆汉的申辩后，校长一时也很愕然，让他回去思考改过，一日后答复，否则便要受到处分。一日后，校长又将胡皆汉叫到他的办公室，重申了他昨天的那番话。当时胡皆汉认为"老师不讲事实，仍坚持己见，不认'错'"，[1] 校长见胡皆汉仍是不服从，便罚他在校长室站了一个多小时，但他仍然坚持己见，不认"错"，最后校长说，你不认错可以，但学校要记你大过处分，你如果现在认错还来得及，看你读书聪明，怎么会有这股犟劲呢！几天后，学校布告栏里贴出了一张通告，这便是给胡皆汉记一次大过的处分通知。

尽管胡皆汉与体育老师发生争吵，但在内心深处他是很敬爱那位体育老师的。他曾经说过："他（体育老师）是学校里体育方面的开荒者，在他的努力下，学校里设有篮球、排球、垒球、台球、跳远、跳高、短跑、长跑、爬竿等体育项目。我也是班里篮球、排球、垒球、台球的尖子队员，常代表班里比赛，所以那位体育老师向来都喜欢我，还让我当了童子军的副中队长。"[2] 胡皆汉被学校处分后，当他看到那位体育老师时仍然对老师敬礼问好，老师也欣然接受。几十年后，有一次胡皆汉回到家乡，还专程

---

[1] 《自传》。存于中国科学院大连化学物理研究所人事处档案室。
[2] 胡皆汉访谈，2016年8月3日，大连。资料存于采集工程数据库。

第二章 少年求学

去拜访那位体育老师。体育老师握着他的手说："难得你来看我，……我教的学生虽多，像你这样记得老师，不怕嫌的很少！何况我过去还错责过你一次啊！"说完胡皆汉与老师都笑了。

考取省立罗定中学

1945年6月胡皆汉初中毕业后，因为喜欢读书，经父母同意后，他来到县城里报考高中。胡皆汉报考的中学是广东省立罗定中学，该校建于1911年4月11日，由罗定县公立中学和阖县中学合并而成。1912年定名为省立罗定中学，1926年更名为省立第八中学，1935年复名为省立罗定中学，1969年更名为罗城中学，1978年恢复罗定中学校名。省立罗定中学当时是粤西地区很有名的中学，当年报考这所中学高中的人将近2000人，但只招收3个班共150名学生。为了能够考上这所中学，有钱人家的子弟多在考前参加了该校老师开办的暑期补习班，参加补习的人能够知道各科要考的大致范围，甚至当年的考题中也会有一两道补习时学过的习题。与胡皆汉一起初中毕业的辛传开、沈景达等同学就参加了这种补习班。

对于考试录取的情况，胡皆汉曾经作过这样的回忆：

> 我是农家之子，农历六月，夏日炎炎，每天早出晚归帮家里收割、种田，哪里有时间去复习功课备考。我只是到了临近考试的前几天，才到70多里外的县城考试。想不到我居然被录取了。和我初中毕业一起去考试的同学只有5个人被录取，当时的录取比例是平均十几个人录取一个。[①]

[①] 胡皆汉访谈，2016年8月3日，大连。资料存于采集工程数据库。

胡皆汉不仅考上了罗定中学，名次还相当靠前。当时的考试制度非常严格，据胡皆汉回忆：

当时同学之间没有作弊的，靠人事关系的也很少。那时省立罗定中学的校长叫唐廷纲，他有一个儿子跟我差不多，由于考试成绩不够分数线，照样没有录取他。这件事说明，当时很是注重分数，同学之间不作弊，老师也很守规矩。如果老师随便放松条件，人家对你这个校长也就不尊敬了。①

据胡皆汉在罗定中学的同学王有钦②回忆：

1945年秋，我跟胡皆汉一起考上罗定中学。罗定中学当时在广东很有名，排名第八。能够考上罗定中学的每一位同学都不简单。高中一年级时，他是甲班，我是乙班，还有一个丙班。当时罗定中学的同学都是寄宿的，周一到周六在学校读书，周六晚上回家。因为我们不同班，所以也不是特别熟悉。但我们都知道当时甲班有三个同学学习成绩特别好，在学校名气很大，他们是胡皆汉、赖英叶、胡子洪，都是泗纶人。

胡皆汉是当时学生会的学习部长，我是主席。胡皆汉给我留下的印象是读书很勤奋，每次考试成绩都是名列前茅。虽然我们经常参加学习比赛，但平常交谈不多。③

胡皆汉的父母与乡亲得知胡皆汉考上了这所有名的中学，都非常高兴。由于是省立中学，收费较低，如果学期成绩在班中前5名，还可以免交或少交学费，前3名还可以领到省教育厅发来的少许奖学金。胡皆汉每

---

① 胡皆汉访谈，2016年8月3日，大连。资料存于采集工程数据库。
② 王有钦（1930— ），笔名贺朗。广东罗定人。1952年毕业于北京大学中文系，1953年中央文学研究所研究生毕业。历任广州羊城晚报副刊编辑、主编、副刊部副主任，广东省社会科学院文学所研究员。
③ 王友钦访谈，2016年6月11日，广州。资料存于采集工程数据库。

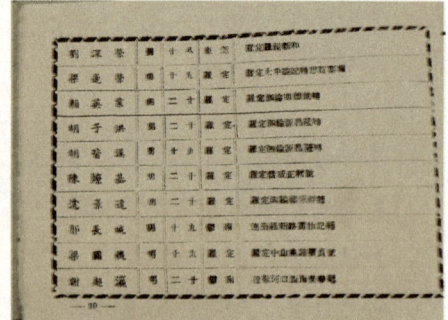

图 2-6　广东省立罗定中学同学录
（罗定市档案馆提供）

个学期学习成绩都在前 5 名，虽然可以减免学费，但由于必须在学校里食宿，也给家里增加了不少开支。胡皆汉的父母节衣缩食，想方设法筹钱支持儿子读书。

这段往事给胡皆汉留下难以磨灭的印象，他始终怀念在困境中含辛茹苦供自己上学的父母，想好好赡养老人，以报答他们的养育之恩，遗憾的是由于各种原因，他未能尽到自己的一片孝心。他曾回忆说：

> 每当我想起这些，深感父母对自己作出的牺牲，但我长大工作后未能给他们以多少回报，在我受到冲击的年代，甚至连把他们接到城市和我同住一段时间都不可能，待到我工作、生活有所改善了，他们又去世了。每当想到这些，我都深感惭愧！[①]

发表在高中校刊上的两篇文章

胡皆汉在读高中的三年，继续发愤钻研数学、物理、化学等课程。在老师未讲三角、解析几何、代数等课程前一两天，他已经把下次要讲的内

---

① 胡皆汉访谈，2016 年 8 月 3 日，大连。资料存于采集工程数据库。

容自学了几遍,然后开始想是否有别的解法或证法。可惜当时课外资料和书籍很少,条件有限,但胡皆汉还是勤于思考、善于总结。高二时,他将古代《孙子算经》中的"三人同行七十稀,五树梅花廿一枝"等不定式的问题转化为现代的不定方程,提出这些问题的一般性求解,写了一篇心得《数学闲谈——韩信点兵术》,发表在学校出版的校刊上。

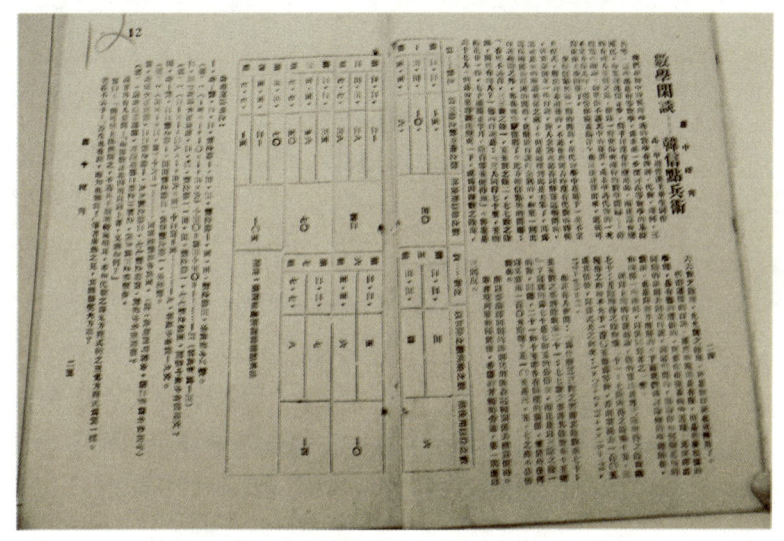

图 2-7 胡皆汉发表在罗定中学校刊上的《数学闲谈——韩信点兵术》
(罗定市档案馆提供)

《谈谈动物界摄食的方法》是胡皆汉读高二时在该校校刊上发表的另一篇文章。他在高一时学了生物学课程,并看了一些生物学的刊物后,深受达尔文学说"物竞天择,适者生存"的影响,写了此文。他从动物界里"食"是很普遍的现象入手,经过观察认为:"无论何种动物都要摄取食物以维持它的生命,虽然它们的生活方式千变万化,而摄取食物获得营养却是一致的目的,但动物的生殖率是几何级数,而动物的生产量是一种算术级数,求过于供",最终得出的结论是适者生存,不适者淘汰,优胜劣汰是竞争中一种普遍的规律。

让胡皆汉感到可惜的是,高中三年,仍有许多不尽人意的地方。例如:学校没有举行过数学、物理方面的比赛,学习气氛不如读初中的时候活跃。他当时读的虽然是省立中学,算是邻近几县最好的中学,但是也没有什么实验仪器，高中三年没有做过一次物理或化学实验，他们对这些课程的学习，只能动脑而不能动手，只能靠想象而不能付诸实践。在胡皆汉看来：

> 中学时的理化课程学习就像在空中楼阁缥缈间进行，这对我以后从事研究工作时不善于动手有一定的影响。①

图 2-8 胡皆汉发表在罗定中学校刊上的《谈谈动物界摄食的方法》（罗定市档案馆提供）

关于国文、生物、历史与地理课程，胡皆汉学得也比较好，学习成绩能达到中上，甚至优等。另外，他还是高中军训时的中队长、学生会的事务部长，称得上是个活跃分子。

由于胡皆汉错误地认为英语和中国话一样，也是一种语言，会说中国话的人不代表他有知识，同样会说英国话也不代表他增加什么知识，所以没有把较多的时间用在英语的学习上，以至英语成绩平平，最终导致他在以后的工作和与国际学者交流中存在极大障碍，工作后又花了很大的精力和时间补学英语。对此，胡皆汉说：

> 这是自己中学时代没有好好学习英语的苦果，真是悔之晚矣，这比写字不美观给我的教训更大、更深刻！很值得后学者吸取这种沉痛的教训。②

---

① 胡皆汉：《自由探索之追求——胡皆汉自述》。长沙：湖南教育出版社，2015 年。
② 胡皆汉访谈，2016 年 8 月 3 日，大连。资料存于采集工程数据库。

光阴荏苒，三年的高中学习很快就结束了。毕业后，胡皆汉无论走到什么地方都会想起他的母校，即使在大洋彼岸也是如此。2002年，胡皆汉在美国探亲，睡梦中又回到母校，醒来随作诗一首，以表达对母校的怀念之情。

粤西显校罗中名，校园清幽学气高。
泷江绿水绕边过，对岸青山奔来朝。
校倚城墙半带围，后殿畦地菜花香，
金公祠墓西留义，前临小街接东门。
东望七级古文塔，西眺百仞石牛山。
拱校木兰高两树，不远公园亭子荫。
风吹槐花满校香，城头古榕散阴凉。
日出照楼书声朗，夕阳西沉鸟声嘈。
夏日游泳傍城河，春风拂面遍栏杆。
校舍矗立西江南，四境优生竞来学。
三年染习翰墨浓，业精登高出此间。
悠悠岁月九一年，人才辈出校史班。
冠年曾来负笈读，古稀年过记忆新。
老到美国怀旧情，夜深甘睡梦故乡，
依稀校道路还认，沉吟徘徊不忍还。
醒来惊是美国地，如轮明月照西窗。
老师同学今何在，故校泷江依样流！

图 2-9 胡皆汉高中毕业时部分同学合影（前排左起：罗在培，辛传开，刘心荣；后排左起：梁志明，胡皆汉，谭汝灼，陈鼎熹，区振懦，刘汉明。胡皆汉提供）

第三章
肄业广西大学

入读国立南宁师范学院

1948年下半年，胡皆汉参加完高中毕业考试后，校长唐廷纲告诉他，由于他在高中三年全年级[①]总成绩第一名，按照当时广东省教育厅的规定，学校决定保送他到当时的国立北平师范大学（今北京师范大学）读书。听到这个消息，胡皆汉非常高兴，但是最终未能实现。对此，胡皆汉的解释是：

> 1948年下半年，北平已临近解放，国民党政府自顾不暇，自然有关保送的事就不了了之，所以没有去成。[②]

[①] 初入学时原有三个班，抗战胜利后不久，原籍广州、香港等地的同学陆续回去，所以毕业时只有两个班。

[②] 胡皆汉访谈，2016年8月3日，大连。资料存于采集工程数据库。

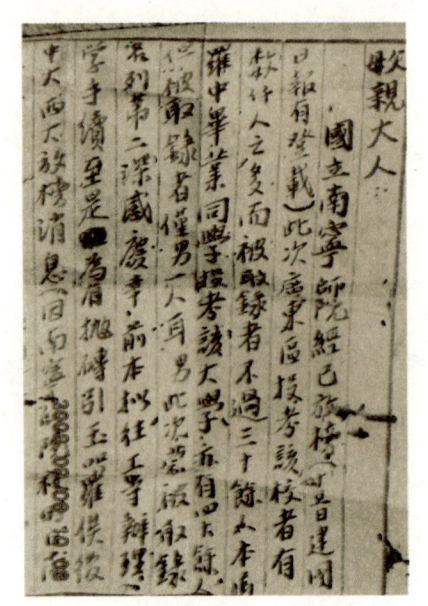

图 3-1 收到录取通知书后，胡皆汉写给家人的信

保送大学一事虽然未成，却极大地鼓舞了胡皆汉报考国立大学的勇气和信心。由于胡皆汉的家庭贫困，那时只有国立师范院校不但不收学费，每个月还发放生活费，于是他便报考了广西国立南宁师范学院，并以第二名的成绩考进了该校理化系。

据胡皆汉的大学同班同学王碇[1]回忆：

> 我只记得当时有一件事情令我印象非常深刻，我们一入学时，就听说胡皆汉在我们所有的考生中排名第二，分数很高。[2]

从未离开过罗定的胡皆汉，到了南宁眼界大开，见识倍增。那时的南宁虽然只是个中等城市，人口也只有 10 多万人，但它毕竟是广西省南部的重镇，有邕江傍城而过，是广西南部的政治文化中心。胡皆汉非常自豪地说：

> 这个学校归教育部直接管，当时广东和广西共有 3 所国立大学：国立中山大学、国立广西大学和国立南宁师范学院。我读的南宁师范学院不但不收学费，而且伙食费全部由教育部管，我们不用交一分钱，条件非常优厚。如果没有这样的条件，我是不能念大学的。所以当时的南宁师范学院是相当牛的大学。[3]

---

[1] 王碇（1927— ），原名王宏发，广西柳州人，1948 年在南宁师范学院读书，肄业。1949 年起在南宁机械厂工作，1972 年到南宁手扶拖拉机厂工作了 4 年，1976 年到南宁市经济委员会任副主任，后来任机械厅科技处长，不久调到标准计量局当局长，1987 年离休。
[2] 王碇访谈，2017 年 4 月 10 日，南宁。资料存于采集工程数据库。
[3] 胡皆汉访谈，2016 年 8 月 3 日，大连。存地同[2]。

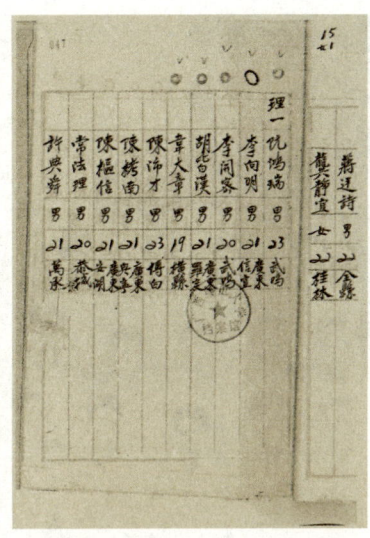

图 3-2　国立南宁师范学院（理化系）卅七学年度下学期各系级学生名册（广西师范大学档案馆提供）

当时的国立南宁师范学院有许多著名的教授，数理系的系主任是谢厚藩教授[①]，早年留学英国，是理论物理方面的专家。南宁师范学院以民主著称，尤其在文史社会科学方面有许多著名的教授，如林砺儒、陈翰笙、陈竺同、宋云彬、穆木天、谭丕模、汪士楷、徐寅初、石兆棠、欧阳予倩、高天行、王西彦等，他们的讲课风格给胡皆汉留下了深刻印象：

> 我来到南宁后，一下子眼界开阔了，特别是这个学校的校风，注重自由讲学。这些教授的教学可以随便听，不受管制。我记得有一次讲座的题目是《文学之可信与不可信》，是哪个教授讲的已经不记得了。这样的讲座，我们理化系的学生也可以去听。那位教授讲李白的诗"白发三千丈"，说从科学的角度是不可信的，但从文学角度是很美

---

① 谢厚藩（1887—1953），1905年自费赴日本留学，回国后先后毕业于中国公学、南洋大学。1913年考入英国伯明翰大学，获硕士学位，回国后任校长沙高等工业专门学校（湖南大学前身）。自1928年开始，谢厚藩弃政从教，献身高等教育事业，先后担任东北大学、北洋大学、广西大学、桂林师范学院、湖南大学教授，广西大学数理系主任，理工学院院长。

的，这种形容尽管很夸张，但听着很有意思。经常听这些讲座，我的思想一下子解放了很多。我这个人喜欢思想自由，特别喜欢多元化的思想。①

更重要的是，大学里的自由与民主氛围使胡皆汉耳目一新。南宁师范学院提倡学术研究自由，形成了民主进步的政治学术风气，有不少老师是共产党员或民盟成员，当时学院有"西南民主堡垒"之称，同学们的政治思想都很活跃，大都趋向革命。

图3-3 1949年5月胡皆汉上大学时全班同学的合影（第二排左一杨祖榈，左五王碇；第三排左三胡皆汉；第四排左二邓时忠。胡皆汉提供）

秘密加入中共地下党

为了积极靠近进步组织，胡皆汉还参加了由中共地下党员唐志敬等组织的进步学社"建社"，定期进行活动，参加的同学有数十人之多。一天晚上，已加入中共地下党（当时胡皆汉并不知道）的同班同学杨祖榈把一包东西拿到胡皆汉的房间，说是很重要的东西，叫胡皆汉不要打开，也不要让同住的同学知道，还说今晚可能会有人到他房间搜查，所以先放在胡

---

① 胡皆汉访谈，2016年8月3日，大连。资料存于采集工程数据库。

皆汉这里。胡皆汉欣然同意，认真地把东西藏了起来。那时他已隐隐约约地猜到杨祖榈同学是中共地下党员，他认为这包东西事关重大，要是被敌人搜去，是会被国民党杀头的。那天晚上并没有人来搜查，第二天杨祖榈便把那包东西拿了回去。

经过这次考验后，杨祖榈便问胡皆汉想不想参加革命组织？能不能保守组织上的秘密？胡皆汉回答道：我非常渴望这一天的到来。于是经杨祖榈介绍，胡皆汉正式加入了地下党。

> 1949年10月6日，那天正是农历中秋节，在明媚的月光下，在严肃的气氛中，在秘密的环境里我宣誓入党，正式加入了党的地下组织，这是我最值得纪念的一天，也是我一生最难忘的一天。后来组织就把"特别光明"四个字作为在地下组织里和同志们彼此通信时所用的名字。①

从此，胡皆汉便在杨祖榈领导下，进行有组织的革命活动。杨祖榈向胡皆汉规定必须遵守组织纪律，只能与他单线联系。据胡皆汉回忆："我只知道他（杨祖榈）是地下党员，学校其他地下党员，我一个也不知道。"②其实，那时他们理化系十几个同学中，其中有5个是地下党员。

新中国成立前一两个月，不时有国民党的飞机降落南宁，组织便派杨

图 3-4　南宁市共产党组织及党员名单（1925—1949）

---

① 《自传》。存于中国科学院大连化学物理研究所人事处档案室。
② 胡皆汉访谈，2016年8月3日，大连。资料存于采集工程数据库。

祖梱和胡皆汉到南宁机场了解国民党人员的撤退情况。临近南宁解放前夕，组织又派胡皆汉到商店购置红纸，以便南宁解放当天就可以写出欢迎解放军等宣传标语。有一天，胡皆汉进入卖红纸的商店，正要购买时，突然看到有几个荷枪实弹的国民党兵也进入这家商店，胡皆汉以为自己被他们发现了。在那个特殊时期，一个学生购买红色纸张，只要稍加思索，便可断定你与革命党人有关，据胡皆汉回忆：

  那天不知怎的，我并不惊慌，站在那里，好像没事一样，他们东看看，西望望，没发现什么便走了，等他们走远后，我便拿出组织上给我的银圆，买了一大包红纸，急匆匆地把它们拿回学校隐藏好。这便是南宁解放时，学院立即写出欢迎解放军等标语所用的红色纸张了。①

还有一次，在一个夜色漆黑的晚上，人们已经入睡，一股国民党军警悄悄地进入了学院，把8个同学抓了去，天刚放明，杨祖梱便通知胡皆汉一起到附近农村探查唐毓荆同志是否逃到那里，目的是要查清他是否已被逮捕。他们到了那里，看到唐毓荆同志才放了心。不久，胡皆汉与他的同学们终于迎来了南宁解放的日子。他曾无比兴奋地写道：

  渴望已久的日子终于到来，广西南宁于1949年12月4日终于获得了解放，那时我们是多么的兴奋啊！②

南宁解放后不久，杨祖梱和胡皆汉被抽调到中共南宁市委郊区农村工作组做郊区群众的发动工作。他们的任务是向郊区农民宣传党的政策，打消农民对共产党的顾虑，并在他们中间物色积极分子。广西是国民党桂系的老巢，李宗仁、白崇禧统治多年，人们的觉悟还有待提高，所以当时胡皆汉等人到郊区发动群众，宣传党的政策是件很不容易的事，而且还有一

---

① 胡皆汉访谈，2016年8月3日，大连。资料存于采集工程数据库。
② 《自传》。存于中国科学院大连化学物理研究所人事处档案室。

图 3-5　1950 年 1 月 15 日建社同仁欢送考取军大社友留影（第一排左一莫自煜，左三周永堃，左六陈伯文，左八李永忠，左十唐志敏，左十一韦元良；第三排左二黎晶，左七胡皆汉。胡皆汉提供）

定的危险性。后来经过杨祖楒和胡皆汉等人的多次耐心启发教育，讲明党的政策与解放对穷人的意义，当地的农民才慢慢积极起来。

放下书包，奔向工业建设

胡皆汉等人在郊区工作到 1950 年 2 月时，南宁师范学院要合并到国立广西大学。因为学院搬迁，胡皆汉和杨祖楒都请求随校搬迁到桂林继续读书，得到中共南宁市委（因郊区农村工作组属市委领导）的同意，于是胡皆汉和杨祖楒与同学们一起随学院迁到广西桂林，成为国立广西大学的学生。

与广西大学合并后，原南宁师范学院的理化系与广西大学原有的相应科系重新分为物理系与化学系。胡皆汉自愿到了物理系，开始大学二年级下学期的学习。上了一个多月的课，胡皆汉看到学校的布告栏里贴有一张东北人民政府工业部招聘到东北参加工业建设的通知。胡皆汉看到通知后的反应是：

> 觉得共产党是工人阶级的先锋队，工厂是工人的所在地，是最革命的地方，参加革命实践就应该离开学校到工厂去，另外觉得读书脱离实际，不如到工厂参加实际工作对革命意义更大，所以他怀着极大的革命热情，报了名。便与10多个广西大学的学生，由学校正式开了介绍信，便踏上了去东北工作的征途。①

在出发前几天，胡皆汉向学校地下党（那时党组织还没有公开）组织委员甘天德汇报了他的想法和做法，并提出把党组织关系转到东北，甘天德没有提出任何异议，并答应向组织转达申请，但由于胡皆汉走得太急，在未得知党支部或桂林市委是否同意也没有拿到转关系的组织介绍信便到东北去了。

胡皆汉自1948年10月进入大学，到1950年4月离开学校，由于这期间临近解放，学生运动较多，停课时间很长，又参加了一段郊区农村的工作，所以实际上上课的时间还不到一年。胡皆汉读的是理化系，在这不到一年的时间里，除学了一般的国文、英文、教育心理学外，在理化方面，《达夫物理学》没有讲完，只做了一个力学平衡实验，微积分刚刚开始，只讲了几次课。此外，还学了一些普通化学与分析化学，在学识水平上，比高中多不了多少。

就这样，胡皆汉结束了学生时代的生活，走向社会。他没有想到的是，这勇敢的一步，大大影响了他后来的工作。对于这段人生经历和选择，胡皆汉意味深长地说：

> 上了国立大学，没有好好读书，但热情地参加了革命，这是我大学时期的一些情况。我后来很后悔大学没有读下去，年轻人没有

---

① 胡皆汉：《自由探索之追求——胡皆汉自述》。长沙：湖南教育出版社，2015年。

本事，只讲革命是不合适的，还是应该好好读书，好好增长知识，对我来说，这就是教训。所以读书这段我自己有两个教训：一是没有好好学外语，二是没有读完大学。在大学虽然没有读什么书，但是思想很解放，受到自由氛围的熏陶，对我自由人格的养成影响很大。①

发表在香港《新学生》杂志上的"处女作"

胡皆汉在大学读书时有一件事值得一提。在上大学一年级时，一天晚上，他走进一间书店，看到一本刚到的《新学生》杂志，里面刊登了一篇《二角和差函数的新证法》的文章，他看过后，觉得证法虽然不同于课本上的标准证法，作者有创新的地方，但在证明时作了两条补助线，胡皆汉觉得这种证法比较繁杂，还有可以改进的地方。他回到学校宿舍后便拿起笔来，作了一个只有一条补助线便可证明的更为简捷的证法，写了一篇题为《三角公式二角和与二角差函数之证法又一例》的文章，寄到该杂志设于香港的编辑部，不久便在该杂志上发表了。

胡皆汉的文章发表后，得到了20港币稿费。如何消费这20港币？

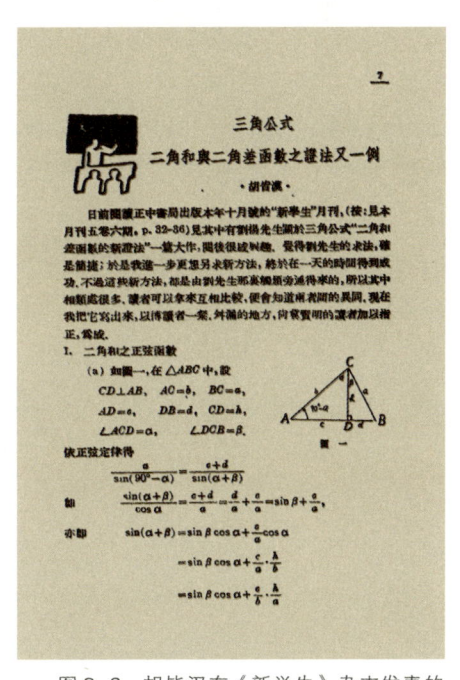

图3-6 胡皆汉在《新学生》杂志发表的文章

---

① 胡皆汉访谈，2016年8月3日，大连。资料存于采集工程数据库。

第三章 肄业广西大学

胡皆汉津津乐道地说：

  一个穷学生得了这笔稿费，便与自己要好的同寝室同学黎晶一起到食堂旁边卖熟肉的小摊买了几块扣肉，当时吃得津津有味，所以至今记忆深刻。①

---

① 胡皆汉访谈，2016年8月3日，大连。资料存于采集工程数据库。

第四章
八年国家机关行政工作

东北工业部新来的年轻人

　　东北人民政府工业部简称东北工业部，最早是在哈尔滨成立的。东北全境解放后，从哈尔滨搬到沈阳。当时的办公地点在沈阳市和平区马路湾街心广场西侧的一幢三层楼房里。这座建筑物的外面镶嵌着米黄色的瓷砖，楼下一层是当时市内最大的一家新华书店。

　　为了迅速恢复生产，加快进行工业建设，急需大量的干部和技术人员。那时东北的人才奇缺，从哪里调集干部和技术人才呢？据时任东北工业部计划处副处长袁宝华介绍，当时东北工业部的干部主要来自四个方面：一是延安及其他老解放区"小米加步枪"式的老八路，其中一部分是1949年以前参加工作的知识分子，当时我们把这部分干部当成了"宝贝"。二是东北留用的一部分日本技术人员和国民党政府企业中的技术人员。三是从社会上大量招聘的各类工程技术人员。这批人当中，有许多人后来都成了东北工业战线上的骨干力量。四是分配来的一批新毕业的大学生。据统计，当时鞍山钢铁公司一年就接收了2000多名大专学生。①

1950年4月，胡皆汉来到东北工业部，被分配到人事处工资科工作。当时东北工业部管辖着东北三省的所有工矿企业，下设有军工、机械、电业、煤炭、化工、纺织、轻工等。按照胡皆汉的本意，到了东北，要到工人中间去，要到工矿企业从事技术工作岗位去，但事与愿违。

> 我本来也要到工厂去，希望接近先进的工人阶级，结果人事处见我是中共地下党员，就将我留在沈阳本部，留在人事处工资科。我当时对这种分配很不满意，因为我希望到厂矿去从事技术工作，但组织分配，我就得服从分配。②

胡皆汉所在的人事处有干部科、职工教育科、工资科、保卫科、日本职工科与秘书科，机关党委与团委的工作人员也和人事处一起活动，当时的处长是林泽生。工资科有10多个工作人员，除科长王斐是到过延安的老干部和大学未毕业的胡皆汉外，其余如周成元、宋世琴、杨协和、方燮基、刘三进、潘家龙、陶惠慧等都是上海交通大学工业管理系最近几届本科大学毕业生，是人事处里文化水平最高的一个科，但中共党员只有王斐和胡皆汉两人，人事处其他各科的党员较多。

胡皆汉到东北工业部后，立即写信给广西大学的党组织，希望把他的关系转来，但没有得到答复。不久，东北工业部人事处的党组织给桂林市委去了封信，桂林市委很快回了信，来信的主要意见如下：

> 胡同志未经组织批准，自由离开原有的工作和学习的岗位，因此我们不同意马上给他解决党籍，须在该处经过工作考验后及其反省对自己错误认识程度如何，由东北组织考虑后决定。③

---

① 袁宝华：东北工业部与新中国工业的起步.《中国经济导报》，2012年10月11日。
② 胡皆汉访谈，2016年8月3日，大连。资料存于采集工程数据库。
③ 《其他供组织参考材料》。存于中国科学院大连化学物理研究所人事处档案室。

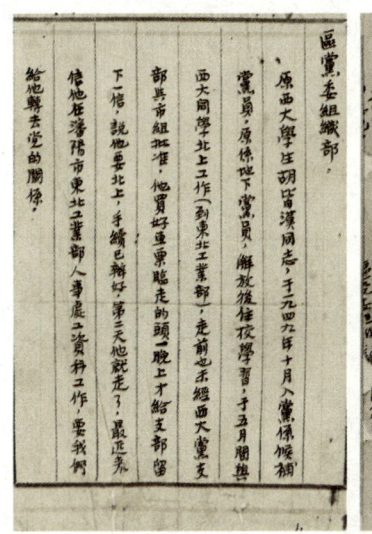

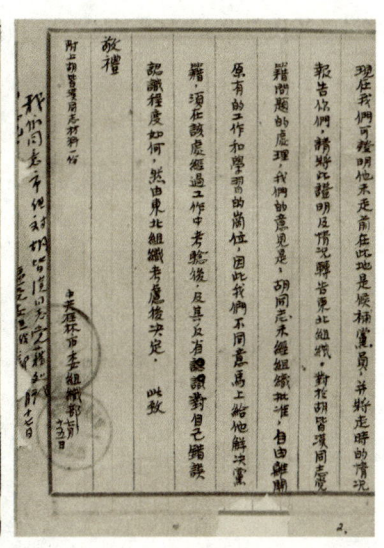

图 4-1 中共桂林市委组织部的致函（1950 年 7 月 15 日）

东北工业部人事处党支部采纳了中共桂林市委组织部的意见，对胡皆汉进行了批评教育并进行了认真考核。经过一年多的考察，胡皆汉于 1951 年 8 月 6 日，经王斐和王守正介绍重新入党，第二年批准为中共党员。

胡皆汉到东北工业部工作的初期，曾一度不愿做行政工作想回学校继续学习，以后专门从事科学研究。后来在国家计划委员会工作时，一有机会他就想离开行政工作岗位。他在东北工业部的同事陈荫镔[①]说：

图 4-2 胡皆汉的入党志愿表（1951 年 7 月）

他在广西大学学的是物理专业，他在国家计划委员会工作时总是不太安心，感觉与自己学的专业脱节，他始终想搞科研，这一点非常突出。他总觉得这个工作不适合他，他与

[①] 陈荫镔（1925— ），曾任国家经济贸易委员会燃动局局长，胡皆汉在国家计划委员会工作时的同事，共同担任石油计划组组长，1949 年南开大学毕业，到东北工业部计划处工作，1952 年到国家计划委员会工作，1987 年到国家经济贸易委员会工作至退休。

第四章　八年国家机关行政工作

领导提了很多次。在我和他工作的这个阶段,一直合作得不错。事实上,我也想搞科研,但是领导不批准,我是南开大学毕业的,学的是化学专业。我也觉得我所学的专业没有派上用场,但是计划工作也很重要,我一直没有机会去搞科研。①

在东北工业部工作时,胡皆汉有过几次请求,希望能够按照他当初来东北工作的志愿把他调到工矿基层从事技术工作,以便更接近工人阶级,向工人阶级学习,但是他的请求不但没有得到同意,而且在组织生活和政治学习时还经常遭到批评,说他有"单纯技术观点"等。②尽管在胡皆汉看来,当时他所从事的工作并没有什么技术,经过几次批评后,胡皆汉也安心于人事工作了。

图4-3 胡皆汉与同事陈荫镔的合影(2004年,胡皆汉提供)

当年胡皆汉所在的工资科由于解放初期百废待兴,工人工资等级制度还有待建立,一部分同志参考苏联工人工资的等级制度,参与起草工人工资标准的制订工作,另一些人则到工厂拿起秒表标定机件计件工作的时间,经过对各个工人对机件工作时间的统计,求出各个机件所需的每个人平均工作时间比平均时间再减少一点,便定出所谓的"平均先进定额",以作为规范计件工资的准则;有时还会测定车间与车间、机器与机器之间工人来往的时间,以便考察车间之间或机器之间的布置与放置是否合理等。

据胡皆汉在东北工业部的同事谷志良回忆:

胡皆汉是1950年春天从广东来到东北工业部(办公地点在沈阳),

---

① 陈荫镔访谈,2016年12月13日,北京。资料存于采集工程数据库。
② 《其他供组织参考材料》。存于中国科学院大连化学物理研究所人事处档案室。

我是从长春来到东北工业部，我被分配人事处的干部科，胡皆汉被分配到人事处工资科，当时的工资科参与职工工资政策的制定、计件定额工时的制定、工厂工程师以上人员工资的审批等，应当算是一个技术部门。东北工业部人事处相当于人事局，人事处包括干部科、技术干部科、教育科、工资科，当时党委办公室隶属人事处。①

除上述工作外，工资科的人更多的时间是到鞍山、抚顺、本溪、哈尔滨等各地工矿了解各级工人的工资与生活情况，胡皆汉也是这些人中的一个。第一次到本溪煤矿的事情，若干年后，胡皆汉仍然历历在目：

> 我第一次到本溪一个用斜井开采的煤矿（煤矿有用竖井、斜井与露天等开采方式），随煤车下到矿井开采煤的坑道，看到工人头戴矿灯，满脸煤黑，第一次看到煤矿工人工作的辛苦，感到我们工资科在处理这些有关问题时也应多考虑些他们的福利。②

此外，工资科还有一项最后审批各厂矿工程师以上技术人员与厂矿长工资等级的工作，此项工作由胡皆汉负责。此时新中国刚刚成立，面临许多困难，一切规章制度也都有待于建立，评定这些人工资的标准与技术人员工资等级的标准根本没有什么依据可循。胡皆汉认为，不能仅仅依靠下面各工业局工资科报来的名单与工资等级作为批准的依据。经过一番认真思考后，他自己设计了一张较详细的表格，内容包括技术人员的工作简历、学历、作出的贡献、是

图4-4 1951年东北工业部人事处工资科同事合照（前排左起：石普恒、胡皆汉、陶惠慧；后排左起：马家骧、杨协和、刘三进、周成元、方燮基。胡皆汉提供）

---

① 谷志良访谈，2016年12月13日，北京。资料存于采集工程数据库。
② 胡皆汉：《自由探索之追求——胡皆汉自述》。长沙：湖南教育出版社，2015年。

否得过奖励和目前担任的技术工作等项目。科长见这位新来的年轻人能想出这样的主意并设计出详细的表格，十分赞许，于是要求下面各工业局工资科印发给下属各工矿填报送来，审查批准工资时，胡皆汉便以这些表格作为参考。

1950年6月朝鲜战争爆发，东北处于抗美援朝的前沿，有些沈阳的工厂迁到了黑龙江的齐齐哈尔等地。工资科为了了解迁后工人的情况，专门派胡皆汉到齐齐哈尔。此时的齐齐哈尔正值严冬季节，冰天雪地，寒气袭人。此次黑龙江之行给胡皆汉留下了非常深刻的印象。他回忆说：

> 我是广东人，从来没有经历过这么冷的天气，脚上穿着厚厚的棉军鞋，头上戴着絮毛的帽子，鼻子呼出气后水珠立即凝结在帽檐上。我来到迁厂工人中间，倾听他们的意见，记下他们的请求，以便回去向领导转达。①

鉴于时局比较紧张，东北工业部将很多干部撤离到北面的有关厂矿去。当时人事处干部科有一个从上海招来的毕业生，因害怕会发生第三次世界大战，工作了不到两个月便要离职回去。有段时间工资科由原来的10多个人到最后只剩下王斐科长和胡皆汉两人。侵朝美军飞机有时入侵至沈阳上空盘旋，气焰非常嚣张。东北工业部在房后挖了个防空洞，胡皆汉等人曾到那里躲过几次美军

图4-5 1951年东北工业部人事处职工郊游时合影（胡皆汉提供）

---

① 胡皆汉访谈，2016年8月3日，大连。资料存于采集工程数据库。

飞机。

　　1951年以前，旅大市的工厂企业主要由建新公司与远东电业公司管理，前者只属于中方，后者则由中苏合营。当时旅大市还有苏联驻军，外交事务直属中央管理，是特别行政区。后来，按照中苏协定，苏联人员逐步撤离，有关工厂、单位由中方接管。当时东北工业部便派人来了解有关旅大市工厂企业的各方面情况，以便作好接收准备。工资科的王斐科长带领马家驿和胡皆汉等人到旅大市调查了解各工厂工人人数与工资情况。他们当时到过的工厂有石油七厂、大连曹达厂（大连化工厂的前身）、油漆厂、灯泡厂、麻袋厂、玻璃厂和金州纺织厂。

　　还有一次，王斐和胡皆汉到当时名气很大的大连工业化学研究所（大连化学物理研究所前身）参加旅大市日本职工代表在该研究所召开的会议，并听取他们的意见。令胡皆汉意想不到是，7年后他也调到了这个研究所。

两次晋升

　　胡皆汉在工资科工作了一年多后，王斐被提升为人事处副处长，原来的林泽生处长调去做办公室主任，又从外面调来崔庆元担任人事处处长，机关党委书记李林兼任人事处副处长。以前人事处处长没有秘书，领导决定把干部科的程连昌和胡皆汉一起调去做人事处处长秘书，协助处长处理日常事务、总结工作、起草文件等。这是胡皆汉的第一次提升，也是胡皆汉"一年来的工作得到领导的认可，同时又是年轻的党员"[1]。胡皆汉的老领导王斐对他在这期间的工作曾作出这样的评价：

　　　　工作积极负责，钻研业务，并有一定理论水平。[2]

---

[1] 胡皆汉：《自由探索之追求——胡皆汉自述》。长沙：湖南教育出版社，2015年。
[2] 《其他供组织参考材料》。存于中国科学院大连化学物理研究所人事处档案室。

胡皆汉担任处长秘书不久，全国就开展了声势浩大的"三反"运动，东北工业部很快成立了"三反"办公室，从各处抽调一些同志去做具体工作，胡皆汉和程连昌同时被抽调到"三反"办公室，当时"三反"办公室的负责人是部里办公室的霍士章副主任。

据胡皆汉回忆：

> 我们到"三反"办公室，首先检查自己有没有贪污思想。我们都是新参加工作不久的人，但我们检查得很严格，平时拿公家的纸写自己私人的信件，都要检查。现在看来觉得好笑，是不可思议的事，但我们当时的实际情况就是这样。①

在"三反"办公室，胡皆汉负责听取化工、纺织、轻工三个工业局的每日"三反"运动进展情况，进行汇总汇报。"三反"办公室每隔几天印发一份整个工业部（包括所属各厂矿）"三反"运动进展的简报，登载各地各厂矿"打虎"（挖出贪污犯、批斗贪污犯）经验，以及挖出大贪污犯的情况。这些稿件的内容对胡皆汉影响非常大，据他回忆：

> 我们印的简报，有一篇文章标题为《拨开鸡猫群，进行打老虎》。意思是小的鸡猫先不管，先打大的老虎。霍主任对稿件的审查很认真，内容写得是否准确，文字是否简明流畅，甚至每个标点符号都看得很仔细。我在学校读书时这些方面很马虎，经过霍主任的言传身教后，有了很大的进步，这应该是我在"三反"办公室期间获益最多的地方，对以后的工作与写作有很大的影响。②

"三反"运动结束后，"三反"办公室也随之撤销。胡皆汉和程连昌又回到人事处，但是这次他们回去不是继续当处长秘书，而是又一次得到了晋升。程连昌被提升为机关党委组织部（科级）副部长，胡皆汉被提升为

---

① 胡皆汉访谈，2016年8月3日，大连。资料存于采集工程数据库。

② 同①。

人事处职工教育科副科长，属县团级待遇。当时职工教育科科长王守正已调去支援抗美援朝，职工教育科就由胡皆汉这个副科长主持工作。职工教育科主要负责厂矿工程师以上技术人员政治学习计划的安排、审查出国留学人员的各项材料、推荐工农干部进大学学习等。

对于胡皆汉的两次晋升，胡皆汉在东北工业部的同事谷志良说：

> 第一，胡皆汉的工作能力比较强；第二，他当时是预备党员；第三，胡皆汉的文化水平比较高，当时很多老同志都是初中、小学文化，而胡皆汉是大学生；第四，胡皆汉有群众基础，领导比较信任他。胡皆汉虽然大学没有毕业，但他基础很好，很扎实。他在工作期间，一直利用业余时间坚持学习，这也应该是一个原因吧。①

国家计划委员会的首批工作人员

胡皆汉在东北工业部工作了两年半后，1952年冬，全国各大行政区（东北是其中的一个大行政区）面临撤销，东北工业部前身是东北经济委员会，它是东北人民政府下面的一个部。中央决定撤销东北人民政府，东北工业部自然就撤销了。接着东北工业部所有的干部冻结，全部到北京工作。人事处的副处长李林告诉胡皆汉，东北工业部撤销后，最初考虑把他调到沈阳铁西区的一个工厂担任副厂长，后来又考虑他还年轻，领导决定派他到苏联留学。听到这个消息，胡皆汉十分兴奋：

> 一来可以亲自到苏联看看他们的社会主义建设，能够到红场瞻仰列宁的遗容；二来可以继续自己大学未完的学习。②

---

① 谷志良访谈，2016年12月13日，北京。资料存于采集工程数据库。
② 胡皆汉：《自由探索之追求——胡皆汉自述》。长沙：湖南教育出版社，2015年。

可是没过多久，李林副处长又对胡皆汉说，中央要建立国家计划委员会，负责全国的经济计划工作，并说机关冠上"国家"二字，现在全国还只有这一个单位，可见这个单位的重要性，而且胡皆汉已经被推荐到该单位，因此不能到苏联留学了。

1952年12月，胡皆汉等人来到了北京。到北京时，国家计划委员会的牌子（名称）还没有对外公布，临时住在离故宫东华门不远的一栋旧王府里。当时国家计划委员会的工作人员还没有到齐，先到的主要是从东北大行政区挑选来的干部。胡皆汉等人在旧王府里工作了一段时间，不久迁至城西三里河刚建起来的新平房，作为过渡性的办公地方。

与石油结下不解之缘

新成立的国家计划委员会下设各种工业计划局，如重工业局、燃料工业局、轻工业局等，胡皆汉被分配到燃料工业局工作。当时局内设电业、煤炭、石油、秘书四个组，开始时没有处级建制，各组直属局长领导。陈荫镔和胡皆汉担任石油组组长。当时局里只有四五十人，大多来自东北工业部和抚顺煤矿局，后来才从清华大学、人民大学等高校毕业生中新增了几个工作人员。

国家计划委员会燃料工业局的对口单位为燃料工业部，胡皆汉和同事们经常到燃料工业部参加部务与各司计划工作汇报。燃料工业部下设有一个石油工业管理总局，局长是徐今强[①]。国家计划委员会刚成立不久，徐今强到燃料工业局汇报全国石油工业工作情况，听汇报的除王新三局长、余建亭副局长外，还有石油组的陈荫镔和胡皆汉。从那时起，胡皆汉与徐今

---

① 徐今强（1914—1976），浙江宁波人，1938年4月参加革命，同年8月加入中国共产党。新中国成立后，历任燃料工业部石油管理总局副局长，石油工业部部长助理，兰州炼油厂党委书记、厂长，石油工业部副部长兼大庆油田党委书记、总指挥，化学工业部代部长，燃料化学工业部副部长，煤炭工业部部长。1975年1月当选为第四届全国人民代表大会代表。

强的接触就更多了。

新中国成立初期,百废待兴,各项建设方针、政策的制定处于待提出与逐步完善阶段。那时的国家计划委员会不只是起着汇总与审核中央各经济部门报来的建设计划的作用,更像是全国经济计划的总参谋部,起着对各具体工业经济建设提出政策性、方针性建议的作用。据陈荫镕回忆:

图 4-6 采集小组访谈陈荫镕(2016 年 12 月 15 日)

> 新中国成立初期及相当长的一段时间内,我们国家实行的是计划经济,国家的许多决策都来自国家计划委员会。这对我们来说责任重大,况且我们对这项工作比较生疏,尤其石油是专业性很强的一项学科。①

当时我国石油工业十分落后,石油产量很低,天然石油的主要产地为甘肃的玉门油矿,此外还有离延安不远的延长油矿、新疆中苏合营的独山子油矿和四川隆昌的石油气田;人造石油则主要集中在东北的抚顺与锦州、锦西等地。当时的石油产量远不够军用、运输业、民用所需。胡皆汉所在的石油组是管理全国石油工业建设计划的具体单位,负责向上级领导提出石油工业建设方面的方针和政策上的各项建议。

当时,胡皆汉做了两方面的工作:①为了借鉴十月革命后苏联初期石油工业在国内各工业中的地位与政策,收集了苏联巴库等地当年的石油产量与其在苏联经济恢复时期重要性的资料;②摘录了斯大林著作中对石油工业的讲话,并整理成文,供领导参考。

为了弄清当时军队对石油的需求量,领导写了封信派胡皆汉直接找解

---

① 陈荫镕访谈,2016 年 12 月 13 日,北京。资料存于采集工程数据库。

放军后勤部部长，得知需求量很大，与当时国内石油的产量相差甚远。关于当时我国石油的状况，陈荫锒曾作过这样的叙述：

> 石油分天然石油和人造石油，天然石油和人造石油都要进一步加工，变成汽油、柴油、润滑油等。当时全世界都议论石油在中国比较贫乏，特别是天然石油资源更为稀缺，当时石油年产量只有30万吨，其中大部分是人造石油。①

基于上述情况，局长王新三委托胡皆汉等人撰写一篇题为《大力发展石油工业》的政策性的文章，文章最终以王新三的名义发表在国家计划委员会主办的《计划经济》期刊上，成为以后确定大力发展石油工业政策的早期文献之一。

在确定大力发展石油工业政策之后，胡皆汉等人都在考虑下一个政策性的问题，即当前或相当长的一段时间内，我国是以发展天然石油为主，还是以发展人造石油为主？或者两者齐头并进？他们讨论的意见是：如果以当时的实际产量为政策的依据，则齐头并进，或以人造石油为主。但从长远的角度来看，炼一吨人造石油大致需要二三十吨油母页岩，干馏炉庞大，成本很高，如果年产1000万吨人造石油则需年开采两三亿吨油母页岩，建设规模巨大，投资很高；而天然石油容易开采，炼制技术成熟，也便于管道运输，生产成本比人造石油低了很多。石油组对两者做了详细的经济与发展比较，鉴于国外石油产量绝大部分是来自天然石油，所以提出以发展天然石油为主，当前兼顾人造石油建设的方针。历史证明，石油组的建议对我国石油工业以后几十年以至今日的发展是十分正确的。

在决定以天然石油为主发展方针之后，就是如何发展天然石油了。当时天然石油的主要产地除玉门油矿外，还有生产量较小的延长油矿和独山子油矿。当时已探明的石油储量很少，祖国的大片土地还没有进行过石油勘探工作，所以胡皆汉、陈荫锒等石油组的同事相信中国是会有大量石油

---

① 陈荫锒访谈，2016年12月13日，北京。资料存于采集工程数据库。

资源的。为了能够加快大力发展石油工业，在以天然石油为主发展方针之下，第三个决策便是以探勘石油地质、探勘石油资源为主。只有弄清石油资源，才能大力发展石油工业，以后的事实证明，这是一个正确的决策。

在石油地质勘探中的主要工作

在上述方针政策陆续确定之后，国家便把较多的资金投于石油工业的建设，重点用于石油地质探勘上，资金更多的用来购买大型石油深钻钻机、钻井用的无缝钢管，重力、地磁、地震等地球物理仪器。此外，将解放军一个师调转复原来扩大加强石油探勘与钻井人员，任命师长为石油钻探局局长。燃料工业局的石油计划组也分为石油探勘组和石油生产与建设组，胡皆汉任石油探勘组组长，陈荫镔任石油生产与建设组组长。同时，又建立了石油处，电业、煤炭组也相应地改为电业处、煤炭处。

国家计划委员会成立后的第一件主要工作，是制订1953年到1957年的第一个五年国民经济发展计划。胡皆汉等人参与制订了第一个五年计划中的石油工业发展计划。

胡皆汉到国家计划委员会工作不久，便和几个同事到当时最大的天然石油产地玉门油矿了解石油地质、石油开采、石油炼制与经营管理、生产规模、生产计划等情况。胡皆汉等人在玉门油矿住了10多天，到油井、炼油厂、地质探勘队了解有关情况，临行时又装了一些各种石油产品（如原油、汽油、煤油、柴油等）的标本带回北京。回到北京后，胡皆汉又写了一份出差报告，简要地叙述了玉门油矿的规模、干部情况等。另外，胡皆汉又提出了自己的建议，鉴于玉门油矿在当时天然石油中的首要地位与将来我国石油工业大发展的可能，应对玉门油矿进行重点建设，并对技术人员进行培养。这一建议得到了余建亭副局长的赞许。

胡皆汉担任石油地质探勘组组长后，经常随燃料工业部苏联顾问、石油工程师莫西耶夫到四川、甘肃等探矿区听取石油地质探勘汇报。有时胡皆汉也会跟随地质专家到野外了解地质探勘情况，接触比较多的是石油管理总局负责地球物理探勘的专家翁文波。有一次胡皆汉与翁文波到四川进行地质考察，四川有泥盆纪的地层，翁文波指着三叶虫的化石给胡皆汉讲解，还给他介绍了地层分层的知识。回来后，胡皆汉就买了一些有关地质学、地球物理探勘、石油钻井、石油开采等方面的书，来增加石油地质探勘方面的知识。

半年的铁窗生活

1955年全国开展了"肃反"运动，胡皆汉因为初中参加过"三青团"的历史问题而被捕入狱。

胡皆汉一生最喜欢的事情便是读书，即使身陷囹圄也是如此。关押期间，他经常借些书来看。

大概过了半年，胡皆汉便出狱了。局长王新三派人将胡皆汉接回原单位，住在职工宿舍里。另外，党支部恢复了胡皆汉的党组织生活，在行政工作上没有给他任何处分，在1956年评薪时还提高了他的行政工资级别，还评定他为八级工程师，月工资116元，这在当时工资算是比较高的。

喜 结 良 缘

男大当婚，女大当嫁。1957年，年近30岁的胡皆汉与沈梅芳喜结良缘。胡皆汉和沈梅芳都出生于广东省罗定县泗纶镇的农村，胡皆汉家在高寨村，沈梅芳家在苗章村，两地相距有10多里。沈梅芳的母亲是胡皆汉的远房姑妈，沈梅芳少年时探望外婆也常去高寨村。在泗水中学读初中时，胡皆汉与沈梅芳是同校同学，胡皆汉比沈梅芳高两级。他们也在同一县城读的高中。据沈梅芳回忆：

> 我们青少年时代虽然认识，但当时男女授受不亲，即使认识，也不讲话，更谈不上交往。①

胡皆汉高中毕业后去读了大学，沈梅芳一直在罗定县城读书、工作。虽然他们读书时没有交往，但彼此的基本情况、为人与家庭情况等都比较熟识。1956年年初，经同学介绍，他们开始通过书信交往。

1957年1月，胡皆汉与沈梅芳结婚。沈梅芳当时是罗城镇胜利街小学的校长，她用自己的工资，到城里的新罗饭店订了两桌饭菜，请学校的老师和好友吃了顿饭。

图4-7　1957年8月胡皆汉与沈梅芳在北京颐和园合影（胡皆汉提供）

婚后胡皆汉夫妇在老家住了10多天，便开始了两地分居生活。胡皆汉回北京工作，沈梅芳仍在罗定县城教学。当年暑假，沈梅芳到北京看望胡皆汉，这是她第一次出远门，胡皆汉陪她到故宫、颐和园、天坛、北海公园等地参观游玩。

入职国家经济委员会

1956年国家经济委员会成立，原来由国家计划委员会管理的年度计划

---

① 沈梅芳访谈，2016年8月3日，大连。资料存于采集工程数据库。

与日常事务划归国家经济委员会。设立了石油工业局，下设生产处、基建处与综合组，胡皆汉被任命为综合组组长，负责局里的计划综合工作，并协助局长总结石油工业建设上的一些经验等。

胡皆汉在国家经济贸易委员会石油工业局工作了两年多，除平常日常工作外，有两件事也值得一提。

第一件事，对中国东部地区部署石油地质勘探工作。

1956年，地质部部长、著名地质学家李四光从整个东半球已知石油产地（包括中东、苏联、印尼等地油矿）位于一个S形的地带，提出我国东北和东部可能有大量石油资源的看法，对石油地质探勘工作的布局有着方向性意义。

图4-8 1958年国家经济贸易委员会干部支援十三陵水库义务劳动留影（最后一排左一为胡皆汉。胡皆汉提供）

那时我国把大部分石油地质探勘力量部署于甘肃、青海、新疆、四川等西部或西南部地区，而忽略了对东部与东北部石油地质探勘的开展。当时克拉玛依开采的石油由汽车从新疆运到内地，路途遥远，途中消耗油量很大。胡皆汉等人听了李四光部长的建议之后，认为如果在经济发达的东部能够出产石油，在经济方面更为有利。他们便立即对东部进行部署，其后不久又在东北部开展石油地质探勘工作，进行地质上的普查、详查，了解被黄土覆盖下的各地层地质情况。后来在大庆油田、盘锦油田、胜利油田等有相继发现，证实这一方针是正确的。关于后来开发的具体情况，胡皆汉曾遗憾地说：

我在执行这一方针后不久便离开了计划岗位，以后再没有机会与石油地质探勘计划接触了。①

---

① 胡皆汉：《自由探索之追求——胡皆汉自述》。长沙：湖南教育出版社，2015年。

第二件事，到云贵川地区了解石油资源。

1958年年初，由石油工业部技术司司长唐海为组长，胡皆汉（代表国家经济贸易委员会）和田稔（代表国家计划委员会）参加，并从石油工业部和下面厂矿抽调了几个工程师组成一个临时工作小组，到四川、云南、广西等地了解石油资源并向当地政府提出石油开发规划性建议。

唐海等人跋山涉水走了许多地方，没有得到实质性的结果，所以也无法向地方提出具体性的石油建设规划建议，只是作了一般性的了解与汇报。

身在政屋望科楼

胡皆汉从小喜欢数学，在大学读书时学的是理化系。1950年4月离开学校到东北工作，是想从事技术性工作，后来被安排从事行政工作，在内心是件不得已的事。胡皆汉对科学的兴趣，也未能一日去怀。在工作之余，他经常看些数学、物理方面的书籍。

1956年，党中央提出"向科学进军"，大批毕业于理工科而未能从事科技工作的青年知识分子都陆续调至科技工作岗位，称作"专业技术人员归队"。胡皆汉也借此机会向领导提出调到中国科学院数学研究所。几经请求，领导没有同意他的请求，所以也只好暂时作罢。

"大跃进"初期，到云贵川等地调查期间，胡皆汉和唐海建立了深厚的友谊，他们都很喜爱数学，饭后余暇常常谈论些数学问题或科学问题，所以他们彼此间很谈得来，胡皆汉曾作《咏数》诗一首赠予唐海：

仰望长空，众星远去，曷有尽头？
俯瞰大地，群峰起伏，哪有终首？
驾着数筹去遨游，拿来规矩，把日月画作圆球。
纵是百花竞秀，考科学、论精密，"数"占鳌头。

身在政屋望科楼，何日才能把数学探个够！

　　诗的最后这一句也道出了胡皆汉内心的渴望。

　　时机终于来了，1958年5月，胡皆汉与唐海一行从云南等地出差回到北京时，便接到他们局的洪琪副局长从大连寄给胡皆汉的信。原来，洪琪的丈夫那时从北京调到大连，任旅大市委代理第一书记。洪琪是石油工业局副局长，对石油工业比较熟悉，正值那时大连市有个中国科学院石油研究所，所以洪琪便随丈夫调至大连，安排到石油研究所担任所党委书记。她到任后，想起胡皆汉很喜欢科学研究，且于1956年曾几次提出申请要调到中国科学院数学研究所，便写信给胡皆汉，问他愿不愿意调到石油研究所。

　　那时，正值国家要建立广东、广西两省华南经济协作区，广东省委书记陶铸任协作区主任，组织上要调石油工业局局长闵一帆去当协作区的副主任，作为陶铸的副手管理两省经济协作区。闵一帆想带几个局里的人一同前往广州赴任，他知道胡皆汉是广东人，又是局里综合组组长，便极力争取胡皆汉和他一同到广东，闵一帆对胡皆汉说："你的老家在广东罗定，你爱人现在也在罗定工作，你的儿子也刚刚出生，正好调回广州一块团聚……"对许多人来说，能够回家乡工作，与家人团聚，而且还可能获得新的提升，这是最好不过的机会了。摆在胡皆汉面前的有三种选择：一是继续留在国家经济贸易委员会，二是回广东，三是到大连。前两者意味着继续从事行政工作，到大连则要进入一个不熟悉的新领域，几乎要把前8年的工作经验和工作业绩，以及已有的人际关系全部放弃而从头做起。

　　"身在政屋望科楼"，胡皆汉喜爱科学，喜爱钻研和探索，因此在从政与科研之间，他毅然选择了科研；在近乡（广东）与异乡（大连）之间，他决定选择异乡大连。

　　收到洪琪的信之后，胡皆汉喜出望外，也没有过多考虑，就立即给她回信，表示愿意调到大连。

第五章
终于跨入科研的大门

初到石油研究所

胡皆汉所到的中国科学院石油研究所位于辽东半岛南端、风景秀丽的海滨城市——大连，始建于1949年3月，这个研究所是在日本统治时期于1907年建立的"南满洲铁道株式会社中央试验所"的基础上建立起来的，就研究所本身而言，距今已有100多年的历史。

1945年抗日战争胜利后，"南满铁道株式会社中央试验所"由中长铁路局接管，改名为"中长铁路大连科学研究所"。1949年移交给大连大学，定名为"大连大学科学研

图 5-1 中国科学院大连化学物理研究所老楼（一二九街所区）

究所"。1950年9月改属东北人民政府工业部,更名为"东北科学研究所大连分所",1952年归属中国科学院,定名为"中国科学院工业化学研究所",所长是张大煜[①]教授。1954年6月,该所更名为"中国科学院石油研究所",1961年12月,又改名为"中国科学院化学物理研究所"。1968年1月划归国防科学技术委员会第16研究院,名为1616所,1970年回归中国科学院,名为"中国科学院大连化学物理研究所"。建所以来,曾先后分建了三个研究所,即1958年分建的中国科学院石油研究所兰州分所(现名中国科学院兰州化学物理研究所)、1961年在太原建立的中国科学院煤炭化学研究所以及1971年在湖北襄樊组建的七机部42所(现名襄樊航天化学动力总公司)。为国家输送科技干部约800名。

1958年6月,胡皆汉办好调转手续后只身来到了石油研究所。党委书记洪琪想在研究所建立一个新的"技术经济研究室",想用经济计划的方法对研究所内各项研究课题进行经济预测与评估,以供研究人员参考和领导决策。打算由胡皆汉领导,逐步开展工作,但目前技术经济研究室还未正式建立,暂把胡皆汉放在所里的学术委员会。遗憾的是,这个新的技术经济研究室最终未能建立。据胡皆汉回忆:

> 这可能与洪琪初到研究所脚跟还未站定,而所里各主要领导还未取得一致意见等有关。我自己对此也不热心,因为技术经济研究还是像过去在国家计划委员会与国家经济委员会那样差不多,不是真正的自然科学研究,我到科研单位来,就是一心想从事真正的科学研究,那时洪琪也不怎样催促我,所以我始终没有开展技术经济研究方面的工作,而是把重心放在了解当时研究所里有关"十万伏静电加速器"

[①] 张大煜(1906—1989),出生于江苏省江阴县。著名物理化学家。中国催化科学的先驱者之一,中国科学院大连化学物理研究所的创始人。1929年清华大学化学系毕业,获理学学士学位。同年考取公费留德,在德国德累斯顿大学获博士学位。1933年回国后历任清华大学讲师、教授、化学工程系主任,西南联合大学、交通大学教授,并兼任中央研究院化学研究所研究员。1949年任大连大学教授、化学工程系主任、大连大学研究所副所长。1953—1977年先后任中国科学院工业化学研究所、中国科学院石油研究所、中国科学院大连化学物理研究所一级研究员、所长、所学术委员会主任,并兼任过中国科学院石油研究所兰州分所和太原煤炭化学研究所所长。1955年被选为中国科学院学部委员。

的研制和章元琦①副研究员领导的重水分离工作，并尽可能利用我过去在北京工作的关系为他们争取某些紧缺的材料。②

胡皆汉在调研"十万伏静电加速器"和"重水的研究"两项科研工作期间，还与洪琪、郭和夫、何学伦等参加过石油部召开的有关人造石油建设的会议。会议期间，胡皆汉协助何学伦与郭和夫写过两篇有关石油加氢与石油化学方面的报告。"大跃进"时期，旅大市委曾一度想在大连建立一个原子反应堆，委托洪琪到中国科学院原子能研究所了解建立原子反应堆需要哪些技术设备。洪琪委派胡皆汉到原子能研究所找钱三强，向他询问建立原子反应堆所需的设备、技术、人员等问题。钱三强认真接待了他，指出当时大连没有这方面的力量，建议暂时不要开展这方面的工作。

这种零乱的事务性工作大约持续了半年多，胡皆汉的职务还没有确定下来。1959年3月，在石油研究所工作不到一年的洪琪又被调到大连造船厂任党委副书记，她原想建立的技术经济研究室也不了了之。这样，胡皆汉的工作没有着落。

1959年春，胡皆汉的妻子沈梅芳被调到石油研究所。沈梅芳接到调令并办完有关手续后，带着她的母亲和大儿子胡伽罗从罗定乘车先到广州，再从广州乘火车北上。那时广东已是阳春三月，天气暖和，穿件单衣就可以了，但火车过了岭南到了湖南，天气开始变冷，沈梅芳没有预先准备什么冬衣，到湖南时，胡伽罗便开始感冒发烧，接着沈梅芳和她的母亲也感冒了。到了武汉，他们打算下车给孩子看病，同时买一些御寒衣服再北上，但没想到因赶上"大跃进"时期，城市经济萧条，物资供应匮乏。沈梅芳跑了几家商店，每人也只能买到一件绒衣，而婴儿食品根本就买不到。后来到了北京还下着大雪，幸好胡皆汉正在北京开会，在北京住了两天，给孩子看病，但仍买不到婴儿食品和御寒衣服。就这样，他们走走停

---

① 章元琦（1919— ），安徽省来安县人。1942年金陵大学化学系毕业后留校任助教。1943年在中央工业试验所从事研究工作。1950年7月，受聘到东北科学研究所大连分所，即现在的中国科学院大连化学物理研究所工作。曾任研究室副主任、主任，现为研究员、所学术委员会委员。

② 胡皆汉访谈，2016年8月3日，大连。资料存于采集工程数据库。

图 5-2　1959 年沈梅芳与胡伽罗在石油研究所门前合影（胡皆汉提供）

停，经过七八天的车程，好不容易才到达大连。

1959 年，国家经济委员会对胡皆汉参加"三青团"的历史问题作了重新审查，3 月 14 日，国家经济委员会机关委员会致函石油研究所党委，建议开除胡皆汉的党籍。[1] 此项决定对胡皆汉来说简直就是一个晴天霹雳。使他感到郁闷和痛苦的是在作出此项决定之前，党小组和党支部对他党籍问题从未进行讨论或提出批评，在决定开除前也没有给他申辩的机会。

下放劳动一年

让胡皆汉和沈梅芳更加意想不到的是，就在胡皆汉被开除党籍不久，研究所学术委员会的秘书通知沈梅芳，要将胡皆汉调到大连市第六中学教书，胡皆汉听后坚决不同意，沈梅芳对此事也是坚决反对。据她回忆：

> 当年 5 月，学术委员会党支部的同事找我谈话，说党委决定将胡皆汉调到大连市六中教书，让我传达给胡皆汉，问问他什么意见。我回到家里就和老胡商量此事，当时老胡很气愤，坚决不同意调走。我当时也认为，中小学是市教育系统，你工作再好，以后也很难到科研单位，如果真去了六中教学，就没有继续搞科学研究的机会了，所以我们俩商量后都不同意去六中教书。[2]

---

[1] 处分、免于处分和犯错误材料。存于中国科学院大连化学物理研究所人事处档案室。

[2] 沈梅芳访谈，2016 年 8 月 3 日，大连。资料存于采集工程数据库。

沈梅芳找到学术委员会，说："胡皆汉是个八级工程师，适合搞科研或技术工作，再说他从来没有教过学，也不懂教学，他决定不去六中教书。"得到的回复是："不去六中就得下农村劳动。"

1959年6月29日，胡皆汉被下放到旅顺区的龙王塘乡。他下放农村劳动的第一站是到龙王塘海边帮忙收海带。之后不久又去帮助筑海堤，主要是背筑海堤所需的大石块。这些都是重体力劳动，但由于胡皆汉出生于农村，从小就帮父母耕作，加上那时他也只有30岁出头，正是体强力壮的时候，所以也不觉得十分辛苦。

胡皆汉对自己第一站的工作曾这样描述：

> 我自6月29日下放到龙王塘人民公社第一养殖场劳动锻炼到目前已一个半月。通过这段时间的实际劳动，初步学会了挑、抬，基本适应了农村生活，深刻体会到劳动人民的勤劳和物质财富的来之不易，对农村在党领导下实行社会主义改造的巨大变化有了较深刻的认识。因此，这段劳动锻炼时间虽然不长，但也获得了一定收获。[①]

后来胡皆汉又到大石洞村劳动，对于这段劳动经历，胡皆汉是这样说的：

> 从养殖场到大石洞村后，又有三个多月了。通过这段时间的劳动、生活和群众的实际接触，在前一阶段锻炼的基础上，自己又得到了进一步的锻炼。如果说前一阶段只是使自己开始适应农村生活，学会了一些挑、抬本领，初步体会到劳动人民的勤劳、朴实等优良品质，并认识到物质财富的来之不易。那么，通过这三个多月来的劳动，做了几十种不同的农活后，可以说已基本习惯了农村生活，同时比以前能够吃苦，不再是"肩不能挑"的"文弱书生"了。更重要的是，通过这段时间的锻炼，使自己对党在农业上一系列的社会主义改

---

① 鉴定材料。存于中国科学院大连化学物理研究所人事处档案室。

造引起的巨大变化，对劳动人民的思想感情，对他们对党和社会主义的热爱都有了更进一步的体会和认识。无疑，这些体会和认识对自己的思想改造都有着切实而深远的意义，可以说收获不少。①

大连化学物理研究所领导小组对胡皆汉进行劳动改造给予的鉴定是：

（1）劳动很好，虽是工作多年又是从南方来，但干起农村活来都能干，而且干得很快；（2）在工作中能服从分配，不挑选。②

时间过得飞快，一年的劳动锻炼很快便结束了，大多数下放劳动的同事都先后被调回研究所，胡皆汉是最后一位被调回去的。1960年七八月，正是"大跃进"时期，各地各单位都想兴办"大学"，石油研究所那时正在筹建大连化学物理学院，领导便把胡皆汉调了回去。

为大学生讲授普通物理课

1960年2月，中共辽宁省委批准成立中国科学院石油研究所、煤炭研究室附属科学技术学院。同年10月，学院改名为大连化学物理学院。③学院的地址设在大连市星海二站附近，是一栋新建的二层楼房，当年秋季便开始招收新生大约150人，同时从国内有关大学抽调来已读完大学二年级的几十名学生，组成一个大学三年级，所以学院刚一建立，便已有一定规模。

来到化学物理学院讲课的高级研究人员都是石油研究所的一流人才，有的还是国内非常优秀的人才，普通专职教员也都是名校的本科生和研究生毕业，像胡皆汉"历史"上有严重问题，学历是非名校肄业的，能在这

---

① 鉴定材料。存于中国科学院大连化学物理研究所人事处档案室。
② 同①。
③ 《中国科学院大连化学物理研究所所志（1949—1985）》，内部资料。

个学院任教并担任物理教研组组长实属罕见。在胡皆汉看来：

> 我之所以能被任命为物理教研组组长，可能是大家认为我在大学时读的是物理系，那时研究所里的研究人员很少是读物理系的，而我从北京调来时的技术职称已是八级工程师（这个职称相当于研究所里的助理研究员，那时研究所具有此职称的人不多），也许出于这种种考虑，便任命他为物理教研组组长。①

胡皆汉所在的物理教研组当时只有3人，除胡皆汉外还有贾季征和张万宝。贾季征是北京大学1956届化学系毕业生，曾与胡皆汉一起下放到龙王塘乡劳动了一年，他担任普通物理实验课的讲授与实验指导；张万宝带领学生进行实验，胡皆汉主讲普通物理课。

由于胡皆汉大学只读了不到两年，只学了点普通物理课，基础比较薄弱，很难胜任此项工作。但是，他一心想离开行政工作岗位，从事科学研究，现在有了这个来之不易的机会，他十分高兴，决心一定要把这门课讲好。好在第一个学期没有普通物理课，他可以很好地利用这段时间认真地"备课"。在他看来，工科大学的普通物理教程相对来说比较具体，理科大学的则相对比较抽象，所以胡皆汉在备课时，既要阅读工科大学的普通物理教程，又要学习理科大学的普通物理教程，同时还要钻研苏联 С.Э. 福里斯与 А.В. 季莫列娃著的《普通物理学》（高等教育部推荐试用课本），把它们融会贯通，才能编写好自己的讲义。但是，要讲得深入、

图5-3 1962年5月胡皆汉与物理教研组同事合影［左起：胡皆汉（抱着儿子胡伽罗）、贾季征、张万宝。胡皆汉提供］

---

① 胡皆汉：《回眸科研情——一个科研工作者的回顾》。北京：中国文联出版社，2004年。

深刻，光有普通物理学知识是远远不够的，必须有比它高一层次的学识和学问才能应付自如。为此，胡皆汉在讲授力学章节时，自己同时又要去钻研理论力学；在讲授分子物理与热力学时，胡皆汉又自学统计力学；在讲授电磁学时，他又找来电动力学方面的书来阅读；在讲授近代物理时，他又去攻读量子力学课程……以胡皆汉原有的初等数学基础，光学好四大力学（理论力学、统计力学、电动力学与量子力学）是远远不够的，没有高等数学的基础，是无法看懂这些应用数学论述的书的。为此，胡皆汉又系统地自学了微积分、数学物理方法等课程。

胡皆汉每天早起晚睡，除吃饭和中午略为小睡外，所有的时间都用于读书、备课与讲课，看书看到深夜 12 点更是家常便饭。通过两年多的学习与教学，胡皆汉终于弥补了自己知识的不足，同时为以后进行研究打下了牢固的基础。胡皆汉不仅较好地完成了教学任务，还受到学生们的欢迎与赞许。

学校每个学期都要举行几次考试。胡皆汉每次出考题大体上分为三类：第一类考题要求学生了解课本内容，概念清楚，记得重要公式，并能在典型事例中应用，这类题约占总分的 60%。第二类考题则要求学生不但要较全面深入地理解学习内容，而且要会思考关联，要绕些弯子才能解答出，这类考题约占总分的 20%。第三类考题要求更高，学生要通晓所学内容，融会贯通，这类考题占总分的 20%。

胡皆汉评卷时，不只看最后的解答是否正确，还要看解答的每一步过程。如果最后答案不对，但解答的思路对，或是解答的前几步都对，但后面的运算出了错误，他都会适当地给分。如果学生有独特的解题思路或解题方法，胡皆汉往往还会额外加分。

胡皆汉的学生至今还能回想起他当年在课堂上的风采。每次只要有课，胡皆汉总是第一个到教室，安静地坐在一旁，等待着学生们的到来。上课铃声一响，胡皆汉立刻进入状态，他总是精神饱满、面带微笑地登上讲台，他的广东口音虽然很重，但他口齿清晰。一些定理和重要公式他往往用几句简练的话就能表达清楚。胡皆汉上课有一个特点，他经常联系或复习以前讲过的内容，并且对本堂课的内容进行破题或交代，一下子就能吸引学生们的注意力，之后再开始这堂课的讲授。

1962年8月，随着国际国内情况的变化，学院根据中央"调整、巩固、充实、提高"的8字方针而停办了。学院中的教职员工被调往外单位或回所分配到实验室工作。只读了两年未毕业的学生，被分配到国内其他高等学校继续学习；原先从各高校抽来已读完大学四年的毕业生，则多数留在大连化学物理研究所（那时已由石油研究所改名为大连化学物理研究所）工作。

大连化学物理学院虽然只开办了两年多，但他为国家和大连化学物理研究所培养了一批人才，在催化、燃烧、分析三个专业，为本所和兄弟所培养了一批具有较全面、较坚实专业知识的合格人才。他们在科研工作中非常努力，工作任务完成得很好，现在都已是高级研究人员了。中专部62级、63级为本所及大连市培养了一批具有从事科研工作技能，并有较全面基础知识的辅助人员，在他们当中有一部分已成为工作中的骨干，并获得了高级职称。[①]

为量子化学班讲课

1961年，中国科学院批准石油研究所改名为化学物理研究所。改名的原因有三：一是石油工业部的研究院已经建立、壮大，已能承担有关石油炼制的研究工作；二是该所研究任务有所变化，从1958年起开展了国防尖端研究工作；三是人造石油方面的研究工作，由于大庆油田的开采，重要性大大下降，因此，原来从事人造石油研究的一部分研究人员已陆续转到国防科研上去，同时该所已有的催化、色谱研究已超出石油研究的范围，因此石油研究所已名不符实。另外，作为中国科学院的研究所，既要出成

---

① 中国科学院化学物理研究所：《光辉的历程——大连化学物理研究所的半个世纪》。北京：科学出版社，2003年。

果，又要出人才，不应仅仅局限在石油研究。

为什么要改为化学物理研究所？

一是符合国防科研金属有机与燃烧的方向，而且与原有色谱、催化的研究也有联系；二是从所的长远考虑，以学科命名较适合，而化学物理这一重要的边缘学科在国内是一个空白，需要发展。①

由于研究对象和研究方向有所改变，研究所决定先从分子水平研究化学现象，一些研究人员感到理论知识不足，所里领导决定开办一个量子化学班，让一些骨干技术人员不脱产上课。

研究所里成立了一个量子化学班讲师团，由前些年从美国回来的王弘立博士牵头主讲。考虑到一些人需要补充数学与物理知识，就请学院里的数学教研组长徐荫晟讲授数学，请胡皆汉讲授物理。尽管胡皆汉在化学物理学院讲了两年多的课程，但他还是非常认真地对待这次讲课，他把量子化学需要用到的物理知识编成讲义，讲给量子化学组的同事们听，得到大家的一致好评和认可。

如愿以偿从事科学研究工作

大连化学物理学院停办后，胡皆汉一直渴望能到研究室直接参加研究工作。经过请求，胡皆汉终于如愿以偿地来到光谱组从事科研工作。胡皆汉在研究所工作了5年，对大连化学物理研究所的情况已略有所知。

我是个被开除党籍的人，保密性的研究工作不会让我去做，化学实验操作我也不灵，自认为到第一研究室（分析室）光谱组比较合

---

① 《中国科学院大连化学物理研究所所志（1949—1985）》，内部资料。

适。于是1963年年初我便请求把我分配到光谱组，光谱组的同志也争取和欢迎我去。这次调动一切顺利，如愿以偿。但是，我那时已经35岁了，或多或少过了思维与创造力最旺盛的时期。①

光谱组当时有研究人员10多人，组长为关德俶，她早年毕业于燕京大学化学系，1949年9月便来研究所工作，是这个研究所最早期的研究人员之一。关德俶一直从事光谱分析工作，她原籍也是广东，与胡皆汉算是同乡，她对胡皆汉的到来很是欢迎。她为人宽和，工作认真。胡皆汉之所以能够踏进光谱研究之门，关德俶是第一个引导者。

光谱组当时有一台新进口的红外光谱仪，是德国蔡斯光学仪器厂的产品，据说当时全国只购买了10台，过去我国没有红外光谱仪，这次购置是我国拥有红外光谱仪的开端。所以大连化学物理研究所光谱组是我国最先拥有红外光谱仪的研究组之一。光谱组还有一台摄谱仪和相应的设备，后来又购进一台拉曼光谱仪，由车迅②和胡皆汉进行调试。可以说这个光谱组在当时国内研究机构具有一定的地位和一定的水平。

从事光谱研究，胡皆汉过去没有学任何光谱专业知识，所以到光谱组初期，他把主要精力用于研读两本光谱理论名著上。一本是美国著名光谱学家 E. B. 威尔逊等著的《分子振动——红外和拉曼振动光谱理论》，另一本是赫兹堡著的《分子光谱与分子结构》。胡皆汉在学校读书时学的英文，由于多年不看不用，已经忘得差不多了。这时读英文原著显得十分吃力，他只能借助英文字典，逐字逐句地啃，以致把英文字典翻得破破烂烂。沈梅芳将这本字典补了又补，修了又修才能凑合着用。据沈梅芳回忆：

老胡从光谱组（1963年）到后来下放到农村（1970—1973年）劳动，他都坚持边读书、边翻译、边整理。他长期使用的那本英文字典已破烂不堪，我多次修补过这本英文字典，用布把字典皮重新包

---

① 胡皆汉：《自由探索之追求——胡皆汉自述》。长沙：湖南教育出版社，2015年。
② 车迅，1940年出生，1962年毕业于黑龙江大学化学系，1962年10月至2000年4月在大连化学物理研究所工作，主要从事分析化学研究工作。

图 5-4　胡皆汉用过的英文字典

装。1973年他回到大连市轻化工研究所后，才买了本新的英汉字典。①

除学习英文外，两本书中用到的群论和矩阵代数的运算，他过去从未学过。因此，阅读时胡皆汉一边琢磨英文，一边学习群论和矩阵代数。就这样他反复阅读了好多遍，直至弄懂为止。他刻苦学习的情景给同事车迅留下深刻印象。

> 胡皆汉老师到组里之后，给我留下的第一个印象就是，他是一位非常刻苦的学者。1963年，我们大学毕业被分配到大连化学物理研究所，正赶上所里抓基础理论的业务学习，很多人开始学代数、高等数学等基础课。当时研究所是8点钟上班，职工一般提前一个小时来所里学习。在这种氛围下，大家非常重视业务学习。②

当时在光谱组工作的同事，虽然大多是大学本科毕业，在大学读的也都是化学系，并且有的已从事光谱分析工作多年，但他们做的都是实用性的研究，在理论知识方面仍感不足。他们经常请胡皆汉作些光谱理论方面

---

① 沈梅芳访谈，2016年8月3日，大连。资料存于采集工程数据库。
② 车迅访谈，2016年12月26日，大连。存地同①。

的讲座，胡皆汉也把自己的所学毫无保留地讲给他们听。据同事车迅回忆：

> 胡皆汉老师学习热情高、水平也很高，待人又和气，所以组里许多人都愿意向他请教。我刚接触《分子振动——红外和拉曼振动光谱理论》这本书时，有许多地方看不明白，正好胡老师在翻译这本书，并准备出版。对我的询问，他非常认真地给我讲解，并告诉我各个章节的关联及一些难点和重点。经他这么一分析和讲解，我再读这本书就容易多了。①

副研究员陶愉生②当时领导的一个研究组正在从事有关自由基闪光光谱的工作，所以经常请胡皆汉去给他们讲课。后来在研究化学激光的工作中，胡皆汉也经常与他们进行讨论。大连市化工学会也开办了有几十人参加的光谱学习班，学员为大连有关研究单位和工厂的技术员，请光谱组有关人员去授课，光谱组的一些同志负责讲授光谱仪的结构、操作、实验和光谱的实际应用等，胡皆汉则负责光谱理论的讲述。当时没有课本，胡皆汉自己编了两章讲义，印发给学员。

发表在《物理学报》上的两篇论文

在当时，国家的长期科研规划里有振动分析这一项，是光谱理论方面的研究工作，光谱组里没有人从事过这方面的研究，当时国内也没有人进行开展这项工作。组长关德俶希望胡皆汉能够进行此项研究。究竟研究什么内容，立什么课题，没有人给胡皆汉建议和指导。胡皆汉只好到图书馆

---

① 车迅访谈，2016年12月26日，大连。资料存于采集工程数据库。
② 陶愉生（1923—2014），物理化学家。抗战期间考入西南联合大学，曾为中国远征军译员。1948年毕业于北京大学化学系，同年考入美国斯坦福大学化学系攻读研究生。1950年秋回国后进入大连大学科学研究所工作。1966年，他的领导下，国内首先实现了氯化氢激光实验，后来一直从事化学激光方面的研究，他是我国化学激光研究的开创者。

查看相关文献，那时我国的学术期刊不多，也没有光谱学方面的，胡皆汉只能查阅美国期刊《化学物理学报》（ J. Chem. Phrs. ）、《美国化学学报》（ J. Am. Chem. Soc. ）和英国出版的《法拉第会志》（ Trans. Faraday Soc. ）等。

一天，胡皆汉在《美国化学学报》上看到关于合成 CH_2N_2、CD_2N_2 等分子的文章，并在同一期刊上的另一篇论文报道了对这些分子的微波研究，测定了它们的键长与键角，并确定了它们的对称点群。不久，他又在《化学物理学报》上看到了关于这些分子的红外光谱与振动分析的报道，但这些分子的振动均方振幅还没有人去做。胡皆汉敏锐地认识到：这正是振动分析方面的一个课题，外国人还来不及去做，我们应抢先去做。胡皆汉决定先推出这些分子振动均方振幅的理论计算公式，按照开文（ Cyvin，S. J. ）1959 年提出的计算振动均方振幅的方法，结合自己从《分子振动——红外和拉曼振动光谱理论》专著中学到的专业知识，推导出这类分子的振动均方振幅矩阵的一般化计算公式，并把详尽的推导过程写成了一篇文章。

1964 年年初，当时已调到研究所学术委员会工作的宋化民看到这篇文章，便把它送到长春，请吉林大学副校长、我国著名量子化学家唐敖庆教授审阅。唐敖庆教授又请他的弟子王治中重新推导核对，认为胡皆汉的推导与获得理论计算公式是对的。于是唐敖庆教授便直接把这篇论文推荐给《物理学报》，于 1965 年 8 月发表在《物理学报》第 21 卷第 5 期上，并被《美国化学文摘》（ CA ）摘录。

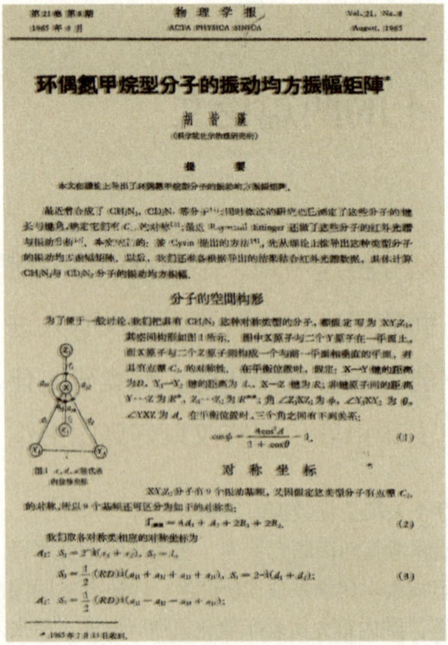
第21卷 第8期 1965年8月 物理学报 ACTA PHYSICA SINICA Vol. 21, No. 8 August, 1965

环偶氮甲烷型分子的振动均方振幅矩阵*

胡皆汉

提要

分子的空间构形

$$\cos\phi = \frac{4\cos^2 A}{1+\cos\theta} - 1. \quad (1)$$

对称坐标

图 5–5 胡皆汉发表的第一篇论文首页

也是在 1964 年，胡皆汉在国外相关期刊上看到对六氟化苯振动光谱的相关研究，提出了振动基频的归属，并计算了六氟化苯的力常数，但是按照他们所作的基频归属，仍有个别振动谱带不能加以解释，而且按照他们的振动基频归属计算得到的有关苯环形变振动对称力常数的数值要比苯相应的力常数的数值大 1.6 倍。胡皆汉认为这是不合理的，其振动基频的归属仍可商榷。如果要对他们的归属进行部分修改，必须要拿出更有根据、更为合理的解释和更好的计算结果。

喜欢思考和探索的胡皆汉认为这又是学习振动分析研究的一个可以进行的课题。经过反复思考，胡皆汉按照文献报道的六氟化苯出现的 70 多条谱带，提出几种可能的基频归属方案并进行计算，找到了一种既不同于上述文章中的基频归属方案，又可以解释他们未能加以解释的谱带，并且消除了上述力常数数值过大的不合理现象。胡皆汉把这个研究结果写成文章《六氟化苯的面外振动》寄给《物理学报》，于 1965 年 8 月发表在《物理学报》第 21 卷第 8 期上，并被美国《化学文摘》（CA）摘录。

胡皆汉发表的两篇论文，填补了我国在振动分析研究领域的空白，也是他在科研道路上迈出的重要一步。

两项协作性的研究

胡皆汉除做振动分析理论性的研究外，这期间还做了两项协作性的研究。当时大连化学物理研究所是国内研究催化方面最有名的研究所，所长张大煜是国内这个领域的领头人之一。20 世纪 60 年代中期，正是胡皆汉初到研究室做光谱研究之时，所长张大煜想开展催化剂化学吸附中生成表面键方面的研究，以便更好地阐明催化剂的活化机理。研究这方面的最好最新的方法，就是利用红外光谱来研究催化剂的吸附态，这在国外早些时候已有人进行，但在国内尚没有人开始。光谱组要配合这方面的研究工作，开始由组内董庆年等人与催化研究室的梁娟参加，不久，董庆年随煤炭研究室迁到中国科学院太原煤炭研究所工作，为了补缺，有较长一段时间，胡皆汉便随梁娟做催化剂红外吸附态方面的工作。通过这项工作，胡皆汉学会了操作红外光谱仪和真空系统，学会了研磨催化剂与压制薄片等技术。

1964 年，胡皆汉还参加过一段有关光氧化的研究工作。当时奚祖威领导的光氧化研究工作需要光谱组帮助做最适光波波长和量子效率的测定工作。这个工作落到车迅和胡皆汉头上，他们用摄谱仪先把光源的各光谱带拍在玻璃感光板上，再用光度计量度各谱带的强度；之后，再拍摄测量光氧化体系各光谱带吸收光的程度与反应产物的生产量，并计算出各光谱带的量子效率，从而获得最大效率的最适光波波长。他们将这一成果整理成论文《异戊烯光氧化反应的最适波长和量子效率》准备发表，但由于"文化大革命"的原因，直到1982年才发表在《太阳能学报》上。

到农村参加"四清"运动

1965年，正当胡皆汉对振动分析等研究工作略有进展时，他又被派到农村参加"四清"运动。胡皆汉等人参加"四清"运动的农村，是以种植蔬菜为主的泉水村大队，泉水村大队下面分若干生产小队。胡皆汉所在的工作队也按小队划分为工作组。和胡皆汉在同一个工作组的有钟秀贞和三位京剧演员。那时，他们与农民"同吃"，每天被分配到各家吃饭，付钱付粮票。虽然吃的是青菜窝窝头，但可以吃饱。

胡皆汉在"四清"运动期间主要的工作是"清经济、清政治、清理阶级成分"，另外还有运动后期全大队的经济核实定案工作。其具体的对象是生产队的大小队长、会计等基层领导干部。胡皆汉所在的"四清"工作队的队员大都是知识分子，这些人做起事来都比较认真负责，没有发生过无中生有，强加于人的事情，也没有冤枉过好人。在清经济、清政治工作中，坚持摆事实讲道理的方法，在后期经济核定定案工作中，注重做思想工作，坚持实事求是，效果较好。中共泉水大队工作组支部委员会对胡皆汉的这段工作是这样评价的：

胡皆汉同志对工作一贯积极主动，认真负责，一丝不苟，雷厉风行，挑重担子。在清政治、清经济、清理成分、评审斗争、核实材料、内查外调、编写材料、主持会议、发动群众等方面的工作都做得很好，在运动中，数次调动工作岗位，每次都能服从分配，开动脑子做好工作，工作抓得很紧。

坚持"三同"好，自己生病也未搞特殊化，能参加劳动。打井、抗旱、治山、治水都能参加，看望贫下中农，团结同志，对自己要求很严，经常挑水扫院子。

胡皆汉同志在整个运动中，立场坚定，正确地执行了党的方针政策，工作积极，认真负责，有一定工作能力，在运动中做了大量工作，成绩显著。①

鉴于胡皆汉的工作表现，经工作队党委批准，授予胡皆汉为"五好"队员称号。

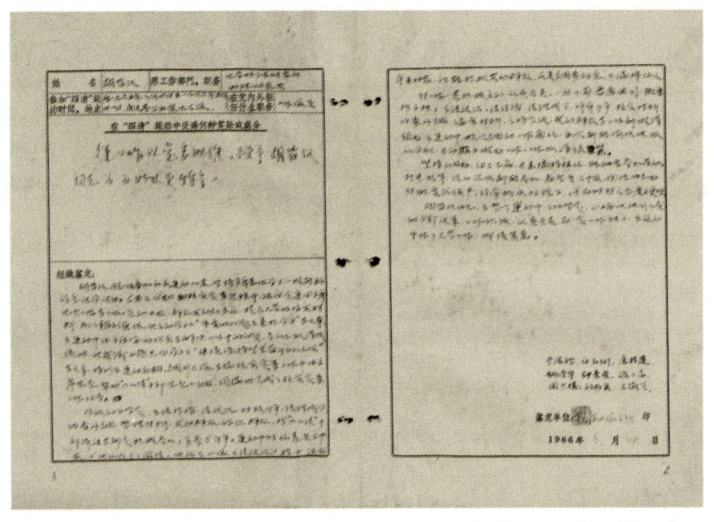

图 5-6　胡皆汉被授予"五好"队员称号

---

① 鉴定材料。存于中国科学院大连化学物理研究所人事处档案室。

第五章　终于跨入科研的大门　75

第六章
村居未敢忘读书

两次被抄家，两次被关押

1966年春，胡皆汉等人在农村的"四清"运动结束，回到了研究所。那时研究工作还在进行，胡皆汉还可以经常到陶愉生领导的化学激光小组去参加讨论。但是，随着"文化大革命"的到来，大连化学物理研究所所内的研究工作不能正常进行。1967年的一天，大连化学物理研究所一个"革命兵团"的几个人到胡皆汉家中搜查，顿时胡皆汉家的东西和衣服散落满地，就连他书架上的书也被翻得满地。

乱翻一通后，几个人将胡皆汉家中来往的所有书信和一些古典文学小说等全部拿走，还有人将胡皆汉夫妇的结婚证及沈梅芳当过家乡罗定县人大代表的证书都拿走了……

这些人抄了胡皆汉的家后，又把胡皆汉带走，关押在一二九街所区一栋二层楼上的一间实验室里，几天后，他们见他没有要交代的，只好把胡皆汉放了出来。

后来，因胡皆汉初中时曾参加过"三青团"，又曾在高岗领导下的东北工业部和国家计划委员会工作过，是一位地地道道的"高岗分子"，是货真价实的"牛鬼蛇神"。于是，胡皆汉又被下放到所里专管清扫的杂务班劳动，胡皆汉再次离开了科学研究工作。

胡皆汉来到杂务班后，每天一早到杂务班报到，主要劳动项目为扫地、洗厕所、刷墙等。一天，胡皆汉被揪回研究室开会批斗，由于他据理抗争，"造反派"决定将胡皆汉关进"牛棚"。

图6-1 胡皆汉曾经劳动过的杂务班

在将胡皆汉关进"牛棚"的同时，又把他的家抄了一次。"文化大革命"期间，胡皆汉的家被抄了两次，每次抄家后屋里乱七八糟，一片狼藉。第二次抄家时，胡皆汉已被抓进了"牛棚"，这件事情对沈梅芳的打击很大，自那以后她就留下了惊恐症。关押在"牛棚"里的日子，胡皆汉感到度日如年，他经常想些数学与物理上的问题，比如如何把语言、概念、记忆等物理化与数学化。

胡皆汉在"牛棚"蹲了不到一年，因审问不出什么问题，遂将他释放出来。但仍是戴"罪"之身，他被安排在所里锅炉房接受劳动改造。胡皆汉每天一早便到锅炉房报到，有时推煤，有时挖坑，更多的是帮助铲煤烧锅炉。

1967年，胡皆汉住的广和白楼是日本人占领大连时建的。他家住的是一套五六十平方米的房子，是当时所里分配给中层干部住的。但是，长期以来，所里大量进人而很少盖房，住房缺口极大。"文化大革命"中，掌权者借着"斗批改"的旗号，要把胡皆汉家住的这栋楼重新分配。按照规定，家里有5口人和5口人以上的不搬迁。胡皆汉家正好是5口人，应属不搬迁之列。但是有人说胡皆汉的孩子小，虽是5口也得搬迁，于是胡皆汉一家被赶了出去，搬到原为一家住而后来隔为两家住的窄小房间。

走"五七"道路，全家下放农村

1969年3月，中国和苏联在珍宝岛发生武装冲突后，两国关系急剧恶化，为了更好地防御和反侵略，国家决定将沿海等城市实行人口疏散。1970年春节刚过，大连化学物理研究所291位科技人员和干部分两批下乡插队落户，走"五七"道路。

胡皆汉家过去住所里的房子，家具也是由研究所配备，到农村走"五七"道路不能把公家配用的家具带走。离开大连前，胡皆汉购置了几件到农村落户用的简单家具，便跟随大家到了农村。

胡皆汉被下放到庄河县大郑公社大林大队大林东小队，生产队小队长把胡皆汉一家带到一间尚未装好门窗的新建平房中。胡皆汉家与下放户陶家住在一起，两家各住一边，同门进出。在胡皆汉一家到达的当晚，他家这一边的窗门还没装上，灶冷炕寒。当晚雪花从窗口飘进来，打湿了睡炕，胡皆汉只好把装煤的煤袋子倒空，用草袋遮蔽窗口。第二天起来做饭，由于胡皆汉一家是南方人，不会用

图6-2　1973年胡皆汉在庄河农村时的住所
（胡皆汉提供）

煤生火。幸好，陶家是北方人，陶妈妈好心帮胡皆汉一家做了第一顿饭，才免于挨饿。此后胡家慢慢学会使煤生火，这才解决了煮饭的问题。

下放到农村后，3个孩子就读于村中的大林小学。那时村中小学实际上是半工半读，学生个个备有挑筐，经常参加生产队的劳动。胡皆汉和沈梅芳每天都到生产队劳动。胡皆汉早起晚归劳动一整天。沈梅芳只干一个上午，中午回家煮饭，下午一般就不去劳动了。

时间过得飞快，转眼胡皆汉全家走"五七"道路进入了第二年，胡家也渐渐融入了农村的生活。下乡第二年，生产队给胡皆汉全家建了1门3房的平房，屋前留有空地，可用以盖猪圈、围起来种菜等。胡皆汉只围了个猪圈养猪，养了1头猪，年终把猪杀掉，以供家中肉食。

决定下放农村时，有些知识分子把自己过去所有的书籍都付之一炬，或是当废品处理了，胡皆汉则把所有的书都带到了农村。他每天劳动归来，首先到井台汲水挑水，吃过晚饭后，点上煤油灯，围着小圆桌和儿女们一起看书读书。胡皆汉对儿女说，即使在农村，也要努力读书，打好基础；即使将来做农民、工人，也要有知识。

在走"五七"道路的3年半时间里，不但胡皆汉的子女"村居未敢忘读书"，胡皆汉本人更是如此，他重读英文版的光谱学经典专著《分子振动——红外和拉曼振动光谱理论》一书，并把它翻译成中文初稿，为以后的正式出版打下了基础。

第七章
初步获得了较稳定的科研工作

为大连市轻化工研究所做红外光谱分析服务

1973年5月，胡皆汉终于盼到回城的调令，他们全家兴奋不已，但同时也使他们有些失望。因为胡皆汉的调令不是将他调回原单位大连化学物理研究所工作，而是将他调到旅大市轻化工研究所。另外，这个调令只是调胡皆汉一人回城，沈梅芳没有接到回城的调令，这意味着她和孩子仍然要留在农村。但是，这总算是看到了曙光，胡皆汉深信在不久的将来他们一家人一定会回到大连团聚的。

那时关哲也已接到了调令，他也不是调回大连化学物理研究所，而是调到设于大连市的辽宁省化工研究所。胡皆汉与关哲约好一起回大连了解情况。胡皆汉先到大连化学物理研究所，请求改调回光谱组工作："我在所里是搞光谱中的振动分析研究的，属基础性研究，现在调去地方研究所搞我不熟悉的应用研究，恐怕不合适，但是他们不接受我的请求。接着我又得知，我们光谱组组长关德俶同志，同样和我们一样下放庄河农村走

'五七'道路，虽然调回了大连化学物理研究所，但是也不能回到原来的光谱组工作。她是大连化学物理研究所光谱研究工作的元老，对她尚且如此，何况于我呢，于是我就死了这条心。"①

胡皆汉得知自己不能调回大连化学物理研究所后，就来到大连市轻化工研究所了解情况。该所的办事人员热情接待了他，领他到该所分析室去参观仪器，胡皆汉看到有一台红外光谱仪，知道还是可以做点工作。于是便同意调到该研究所的分析室。当时分析室里大概有9个人，室主任是刘长乐②。

此时的大连市轻化工研究所所长是一位刚刚被"解放"的老干部，他非常重视科研工作，也非常爱惜人才。当他得知大连化学物理研究所不安置部分有"历史问题"的科研人员后，非常欢迎这些人到轻化工研究所工作。他还采取了许多措施引进科技人才，例如给科研人员盖新房子等。

图7-1 胡皆汉（右二）与刘长乐（右三）、张凯（右一）等人在曾经工作过的实验室楼前合影

---

① 胡皆汉:《自由探索之追求——胡皆汉自述》。长沙：湖南教育出版社，2015年。
② 刘长乐，1965年毕业于大连理工大学化工系，1970年到轻化工研究所分析室工作。高级工程师，曾任分析室主任、副所长、所长。2001年退休。

1973年6月，胡皆汉正式到大连市轻化工研究所报到，在该所的分析室工作。当时的轻化工研究所共有职工200多人，有4个研究室、1个车间、1座图书馆。主要从事抗氧化剂、阻燃剂、防水剂、抗静电剂与衣料整理剂等助剂的应用研究，以及氮肥增效剂的开发研制等。研究人员主要是来自辽宁大学、吉林大学、黑龙江大学、大连工学院等大学本科毕业生，都比较年轻，职称差不多都是技术员或研究实习员，缺乏中级与高级研究人员，很希望有经验的研究人员来指导他们。

胡皆汉来到轻化工研究所后，主要承担红外光谱分析工作，他当时只是一般的工作人员。在胡皆汉来到该分析室之前，据说所内各研究课题组来做红外光谱的很少，因为做出谱图后，他们自己也不会解释，所以红外光谱仪运转的时间很少。所里很多人知道胡皆汉过去在大连化学物理研究所时是做光谱研究的，便以为他对红外光谱分析十分精通，于是各题目组都拿来样品让胡皆汉画红外光谱图，请他给予解释分析，帮助审核他们合成的或试制的样品（产品）的化学结构是否正确。事实上，胡皆汉当年在大连化学物理研究所做的是理论性光谱振动分析研究，具体实用性的红外光谱化学结构分析工作他过去也从未做过。为了做好实用性的分析工作，他必须重新学习才能不负众望。胡皆汉首先找到了一本实用性的经典红外光谱著作来研读，再结合各种化合物的标准红外光谱图集与过去学过的光谱理论应用到实际中。经过一段时间的刻苦钻研，胡皆汉不但可以给各课题组样品画谱图，而且可以给予分析解释。很快胡皆汉就解决了各课题组所提出的红外光谱分析问题。

胡皆汉对红外光谱的具体分析工作渐渐熟练，他也非常愿意为各课题组服务。一般的分析工作者，只画谱图或交给分析数据就算尽职了，胡皆汉是一个从不满足现状的人，他不仅给课题组解释光谱图，分析经过提纯的合成样品，还主动为他们分析那些未经提纯的合成样品（混合物），指出合成样品中主成分之外的副产品，以便他们按分析结果来改进合成条件。

胡皆汉一边学习，一边结合实际工作需要，主动承担了许多工作，这样一来分析的样品就越来越多了。于是，胡皆汉很快就得到各课题组研究人员的信任和欢迎，他们越来越感到红外光谱分析的重要。随之而来的就是分析样品的大量增加，红外光谱仪的利用率大增，胡皆汉既要操作仪器，又要解释谱图，晚上还要看书，一天下来非常辛苦。

一家人的团聚

胡皆汉调回大连市轻化工研究所后，沈梅芳一个人带着3个孩子留在农村，生活的担子都落在沈梅芳身上。1973年12月，沈梅芳终于调回大连化学物理研究所。临回大连的前几天，胡皆汉到农村去接他们。临行前夕，他们买了鸡、鹅、猪肉、粉条等办了几桌，酬谢村中乡亲。

胡皆汉一家人下乡的几年，村中老百姓对他们都很友善。他们家养的母鸡到别家鸡窝下蛋了，邻居都会把蛋送回来。下乡几年也没人偷拿他们的东西。老组长分配胡皆汉干活时也比较照顾这位从城市下放的文弱书生。

1973年12月，胡皆汉举家离开了下放4年的大林东村，在艰困的岁月里，大林东村接纳了他们并留下了许多回忆，有情谊、有怀念、有严冬、有春天……。1997年，胡皆汉和沈梅芳回到了大林东村，踏着熟识的村路，看望昔日同耕共种的老农和村邻屋舍。当年他们离开大林东村时还是中年的邻里，如今都垂垂老矣。胡皆汉满怀深情写下了情真意切、感人至深的3首诗：

访"文革"下放旧村大林东

驱车大林东，下寻旧时农。曲径依稀记，村井似不同。
执手相见老，复叹曾耕共。昔年村边树，当知我曾穷。
几近卅载别，旧情留心胸。不觉日过午，几家茶话丰。
依依出村送，频频回首中。

与大林东四老翁合影

照片四老翁，昔年共耕农，相与到地畦，汗流锄地冻。
多少往日事，苦甜留心中，今日怀旧好，合照寄谢躬。

与郑军令一家合影

昔年起暴风，冷落大林东，四野何茫茫，世情薄如葱。
共怜世身苦，隔邻遭似同，不学时世炎，冬煤票情浓。
穷交最可贵，年节送肉丰，送炭往日事，永记我家中。
今与举家照，友情乐无穷，留得合影在，时见旧日容。①

首次接受所外任务：剖析法国助剂

胡皆汉全家回到城里后，沈梅芳仍然调回到大连化学物理研究所从事行政工作。当时他们没有住房，一家五口临时住在大连市轻化工研究所分析室大约10平方米的小办公室里。由于办公室不能用火，他们就在1层屋外临时架了个露天炉灶煮饭。大连化学物理研究所距离轻化工研究所比较远，要转两次车。沈梅芳每天早起晚归，非常辛苦。过了一段时间，轻化工研究所在办公楼旁边建了1栋3层楼房。胡皆汉全家搬到第3层最靠西南边的1间房子里。从此他们的

图7-2 1973年胡皆汉全家在大连市轻化工研究所办公室的合影（胡皆汉提供）

---

① 胡皆汉：《秋虫集》。北京：中国文联出版社，2001年。

生活与孩子们的学习就比较正常了。

20世纪70年代初期,国家决定在辽宁省辽阳市建立一个大型的现代化石油化纤联合企业,是国家重点建设项目之一。它以法国进口装置为主,由进口装置和国内配套项目两部分组成。建成的辽阳石油化学纤维总厂投产后,每年可生产几十万吨"的确良""尼龙"合成纤维原料,数万吨塑料原料,以及几十万吨可作合成橡胶、农药、医药等原料的各种副产品。这是一个大型的现代化企业,受到各方面的重视。

该总厂投产后,需要各种各样的配套助剂,有关方面决定这些助剂由国内自己生产。在组织生产之前,必须掌握各种助剂的成分和化学结构以及有关分析指标。

总厂派人到轻化工研究所来商议,询问是否可以承担这一剖析任务。过去轻化工研究所分析室没有做过这种带有探索性的剖析工作,因为这关系到国家重大项目的生产问题,带有一定的风险。所领导征询胡皆汉的意见,胡皆汉说:"这项任务虽然艰巨,我过去也没做过,但凭我来轻化工研究所后的工作经验,只要大家合作,我们是可以承担这一剖析任务的。"于是所里决定将此任务承担下来。辽阳石油化学纤维总厂拿来了14种助剂产品,每种助剂只标了个名称,并没有提供组分和化学结构。总厂当时也没有提出要他们进行的具体分析项目和检验方法,所以此项工作带有半分析半剖析的性质,比一般指定的明确分析要困难些。

接受此项任务后,胡皆汉为总负责人,制订具体分析项目,全室分工合作,然后由胡皆汉综合协调,写出报告。胡皆汉带领分析室对每一种助剂都进行了详细的分析。首先是确定每种助剂的组分,然后对每个组分进行详细的化学结构鉴定。推定化学结构后,再寻找已知化合物与之对照,符合后才作结论。最后还要测定其他分析项目,如熔点、灰分、挥发性、色泽溶液颜色与折光率等。在分析中,最重要的是确定助剂组分的化学结构。当时能够使用的工具主要是红外光谱仪、紫外光谱仪和元素分析仪。其中,主要是根据红外光谱图来分析助剂的化学结构,这一工作主要由胡皆汉来承担。

胡皆汉等人对14种助剂都做了详细分析,对每种助剂都写了一篇详细的分析报告。胡皆汉编写的这14篇分析报告，后来以《国外助剂分析鉴定资料专辑》为题，发表在1975年第3期的《助剂通讯》上。此项分析任务进行得相当顺利，对胡皆汉前期工作和学习是一次实际锻炼和检验，也使得胡皆汉的业务水平有了一定的提高。

通过这次助剂分析任务的完成，提高了轻化工研究所的声誉，也大大增强分析室群体的自信。由于胡皆汉等人对14种助剂的分析工作做得比较好，辽阳石油化学纤维总厂很是满意，接着又把第二批13种助剂拿来请他们分析。这一次，分析室的领导为了培养年轻一代，一开始没有让胡皆汉负责这项工作，但进行了一段时间后，原定负责人感到此项工作非常困难，便主动退出，领导又让胡皆汉继续承担总负责人。胡皆汉很快就完成了任务，并对每种助剂分析写了一篇详细的分析报告，以《国外助剂分析鉴定资料专辑之二》为题，发表在1977年第1期《助剂通讯》上。

氮肥增效剂的化学结构分析

在轻化工研究所，除研制各种轻化工产物外，李忠义领导的小组是研究氮肥增效剂的。氮肥施于土壤，被植物吸收，土壤里含有可分解氮肥的硝化菌，会降低植物吸收氮肥的利用率。氮肥增效剂的作用便是抑制硝化菌的生长，达到增加肥效的目的。在"以粮为纲"的年代，这项研究受到了相当的重视。

1975年，李忠义小组请求胡皆汉等人协助分析增效剂中的有效成分。当时美国已有工厂生产这种氮肥增效剂，但是他们没有发表它的化学结构，也没有发表它的红外光谱图。胡皆汉等人首先对主成分进行分离，并利用红外光谱来研究它的化学结构，得出的结论是：氮肥增效剂的化学结构是2-氮-6-三氯甲基吡啶。

分析出氮肥增效剂的化学结构后，可以说满足了李忠义小组提出的要求，任务已经完成了。胡皆汉是个喜爱研究、从不满足现状的人。他不断努力、继续探索，希望用其他各种谱学方法对它的化学结构再做确定。同时，还想对其一系列的副产物的化学结构做出鉴定，尽量把工作做得更完整、更深入。于是，便有了下面所述的质谱、核磁共振与色谱等一系列研究工作。这些研究工作都不是李忠义和领导要求胡皆汉作的，而是胡皆汉自由探索的一种表现。庆幸的是，领导与同事不但没有阻止胡皆汉的自由探索，而是积极配合和支持他这样做，这在当时的历史条件下是很难得的。

化学结构研究的另一个重要工具是质谱学。剖析一个新的分子化学结构，首先需要知道其分子量。高分辨的质谱仪给出的分子量可精确到小数点后四位，因而可以推出最可能的分子式。此外，质谱除出现分子离子峰外，还可以出现分子的碎片峰，研究人员可以从质谱图中的各个碎片峰推出整个分子的化学结构。

为了更多方面地探讨氮肥增效剂的化学结构，胡皆汉到外单位画了它的质谱图，又找了两本质谱学的书籍，然后摸索解释氮肥增效剂的质谱图。他曾写过一篇分析性的文章，发表在1977年第2期的《助剂通讯》上。

1975年年初，胡皆汉在文献上看到核磁共振法对化学结构鉴定比红外光谱法更为有效。他捕捉到这一信息后，立刻想到在用红外光谱法鉴定氮肥增效剂的化学结构之后，再用核磁共振来鉴定。

1975年下半年，胡皆汉先借来核磁共振波谱方面的专著来看，以便对核磁共振波谱学有些了解。另外，胡皆汉得知山西省太原市的一个单位刚从国外进口了一台简易的核磁共振（简称氢谱）仪，只能作氢的核磁共振谱，就出差到太原，请他们画了一张氮肥增效剂的氢谱。回到大连，胡皆汉用刚自学到的知识，对谱图进行了分析，确定氮肥增效剂的化学结构，将分析结果写成一篇文章，发表于1977年《分析化学》第三期上。那时国内有关核磁共振研究方面的文章相当少，这也是胡皆汉在核磁共振研究方面发表的第一篇文章。

胡皆汉等人对氮化增效剂的化学结构做了多方面的分析工作，一方面使胡皆汉对研究化学结构的各种工具、仪器和学识有了一定认识，这对他以后的研究工作十分重要。另一方面，氮肥增效剂的研制是一项有关农业生产、提高化肥利用率的事项，在当时"以粮为纲"的年代，有关农业生产的研究项目自然受到重视，大连市轻化工研究所对氮肥增效剂的研制自然也受到有关方面的重视。

　　李忠义领导的这个氮化增效剂课题组，在研制了几年之后，于1978年召开了鉴定会。研究所领导派胡皆汉在会上作氮肥增效剂分析方面的报告。胡皆汉把他们对氮肥增效剂做过的元素分析、分子量测定、色谱、质谱、红外光谱和核磁共振谱作了全面的汇报，并把氯化过程中产生的副产物的分析也作了介绍。与会者普遍认为分析工作做得十分全面，并给予了好评。北京化工部派来参加会议的人说，这样彻底和有水平的分析工作，即使在中国科学院所属研究所也很难做到这种程度。

　　胡皆汉曾津津乐道地讲了一个与氮肥增效剂研制工作有关的小故事：

　　　　20世纪70年代打开中美交流的大门之后，北京化工部曾有一个代表团到美国参观访问。在参观到一个生产氮肥增效剂的工厂时，据说是该厂一个工人给了他们一小瓶产品。参观团的人回国后，便把那瓶产品的一小部分送到大连市轻化工研究所，让他们分析。他们分析后，知道美国产品的主成分和李忠义小组研制的氮化增效剂的主成分是一致的，也证实了他们以前对氮肥增效剂化学结构鉴定之正确。不过令胡皆汉惊奇的是，美国产品中居然有少量含硅的化合物。他们仔细分析了这些含硅化合物，才知道它们主要是二氧化硅，即通常所说的沙子。他们把这种情况报告了北京化工部，后来化工部的人说，美国那个工人是临时在地上捡了个不干净的瓶子装的样品，沙子的来源也就弄明白了。通过此事，化工部的同志认为大连市轻化工研究所的分析工作很认真，很有水平，给他们留下了一个好印象。[①]

[①] 胡皆汉：《自由探索之追求——胡皆汉自述》。长沙：湖南教育出版社，2015年。

被审稿者否定的论文稿

在"文化大革命"时期,有一个十分响亮的口号叫作"抓革命,促生产",而实际的情况往往是,即使完成了一项生产和科研任务,也不见得一定要写成论文。对胡皆汉本人来说,撰写和发表学术论文,应该是研究工作上一个不可缺少的部分。用红外光谱法对氮肥增效剂有效成分的分析工作完成之后,胡皆汉决定将此化学结构的详细光谱依据写成一篇文章,投给《分析化学》杂志。

按照当时通行的做法,投到学术期刊上的文章,在作者栏上只能写单位名称,而不能署个人的名字。

按照编辑流程,学术期刊都是要经过专家审稿的。当时,用红外光谱来确定文献上未载标准光谱图的未知分子结构的工作在国内还比较少。大连市轻化工研究所是个地方研究所,在学术上没有什么名气,分析室过去也从未在国内高级科学期刊上发表过任何论文。审稿者可能认为这种研究所的分析室做不了这样的工作,也可能是认为作者的光谱专业知识不够,便否定了这篇文章。审稿者没有具体指出哪些地方有错误,哪些论据不足,只是一般原则性地推断:仅用红外光谱不足以确定分子的化学结构。

编辑部把稿件退了回来,同时也寄来了审稿意见。胡皆汉接到审稿意见后,认为审稿意见有问题,便很不客气地给《分析化学》编辑部回了一封信。胡皆汉说:

我们确定的是小分子而不是大分子的化学结构,在一般的红外光谱专业书籍里,也有不少仅用红外光谱法即可确定小分子化学结构的例子。我举出了具体的书名,希望审稿者能够抽空看看。同时我还指出,科学是具体的,对具体的事物要作具体的研究,不能用一般笼统的说法去否定别人的东西,何况自己所说的一般原则就不对。①

应该说，这个刊物的责任编辑还是很尽责的。他们认为作者说得有道理，就把退回的稿件要了回去，再重新审稿。这次，审稿者很认真，指出了作者引用参考文献中抄错了某作者名字的英文字母和个别可以商榷的标点符号。不久，该篇文章便以《红外光谱法鉴定氮肥增效剂》为标题，发表于《分析化学》1975 年第 4 期上。这是以"大连轻化工研究所分析室"的名义在国内高级学术期刊上发表的第一篇文章。

这次投稿给胡皆汉留下了深刻的印象，他深深地感觉到一些在学术上没有什么名气的单位和年轻的科研工作者在学术成长道路上的艰辛和不易，也非常痛恨那些不负责任的编辑，他们常常只凭着印象和想当然来审稿，这样的结果会挫伤许多年轻科技工作者的积极性和探索精神。若干年后，胡皆汉经常接到有关期刊送来要他审查的稿件，他每次对投稿人寄来的文章都仔细地审核，稿件需要补什么数据，存在什么样的问题，他会详细、具体地讲清楚，特别对一些年轻人或初次投稿的人，胡皆汉都尽量帮助他们，不急于否定投稿者。当他们的论文的确通不过时，胡皆汉会认真指出具体错误，有理有据，不凭感觉和印象来判断文章水平的高低。

另外，胡皆汉判断文章的水平和等级，主要看论文的学术水平是否有新的发现、新的创新点等，不会根据投稿人所在的学校、研究所的名气和投稿人的影响力来决定发不发表。胡皆汉历来反对做学术研究的人不注重实际水平和能力，而只注重个人的名望和名校、名研究所的声誉。

这次投稿事情给胡皆汉一个非常重要的警示是：

> 我自己审稿时，特别关注一些不出名的和初次投稿的作者，只要他们的文章有新的观点，即使在其他方面有些需要改进或需要调整的工作，我都会建议他们改进与补做后发表。反过来，一些很出名的、

---

① 胡皆汉访谈，2016 年 8 月 3 日，大连。资料存于采集工程数据库。

有一定影响力的投稿人,我会严格地审查。有一次,某期刊要我审评一篇文章,签署的名字是某某院士,他是第二作者。这篇论文我审核出有严重的错误。于是,我就写了一封信给编辑部,指出这篇论文的具体错误,后来这位院士亲自写了一封信给编辑部,说他是参考了某篇论文而写的,他承认是自己错了,也同意我的意见。①

率先引进高压液相色谱仪与核磁共振仪

气相色谱是分离分析的有效工具,但是不能气化或气化发生裂解的样品不能使用它来进行分离分析。为了克服这些困难,国外在20世纪70年代便有了高压液相色谱仪。但是直到70年代中期,国内研究色谱最早的中国科学院大连化学物理研究所也没有一台高压液相色谱仪。1978年,大连市轻化工研究所率先从日本进口了一台高压液相色谱仪。这是通过设于沈阳的辽宁省科学仪器器材公司购进的。据该公司的负责人说,当时一共购进两台,一台给大连市轻化工研究所,另一台给中国科学院沈阳林业土壤研究所。

高压液相色谱仪从日本运到沈阳,再从沈阳运到大连市轻化工研究所的分析室。这样昂贵的新仪器,过去没有人操作过,日本厂家也没有派人来教他们安装和试操作,一切都得由胡皆汉所在的分析室来解决。为慎重起见,领导决定成立一个临时验收小组,由胡皆汉担任验收小组的负责人。

事实上,胡皆汉在大学学的是物理专业,在工作中也从来没有接触过色谱方面的工作,对高压液相色谱更是一窍不通。胡皆汉怕搞不好把仪器弄坏,人家就会说他是搞"破坏",但是出于工作的需要和领导的信任,胡皆汉还是承担了这一任务。

---

① 胡皆汉访谈,2016年8月3日,大连。资料存于采集工程数据库。

胡皆汉首先详细地阅读了一遍说明书，并把它翻译成中文。然后他请鉴定小组里的人分工负责，仔细阅读说明书，弄清楚说明书上的每一句话。最后进行讨论，大家都弄明白了，再开始试操作、试运转。验收工作并不是一帆风顺，先后遇到管线阻塞、螺丝掉扣、排液管缺失等问题，经过大家10多天的共同努力，仪器终于验收成功，并投入正常的分析工作。

就在胡皆汉带领分析室调试色谱仪时，与大连市轻化工研究所同时进口的沈阳林业土壤研究所的那台仪器在验收时也遇到了困难，以致在大连市轻化工研究所验收完后的较长一段时间，他们的那台仪器仍没有正常运转。后来沈阳林业土壤研究所的人到大连市轻化工研究所分析室来取"经"，胡皆汉等人接待了他们。

1978年年底，大连市轻化工研究所又从日本进口了一台永磁铁的简易核磁共振仪，这台简易核磁共振仪只能做氢谱，共振频率也只有60兆赫，但它却是大连市的第一台核磁共振仪。胡皆汉有幸成为最早使用这台核磁共振仪的人。不过，在调试开始使用后不久，胡皆汉就从大连市轻化工研究所调回大连化学物理研究所了。

一项具有创造性的研究工作——气相色谱新公式的提出

氮肥增效剂的结构分析工作，本来是为别人服务的一项工作，但对研究者来说，基础性、理论性的工作，往往是自己受到某种启发才要做的，胡皆汉要做的有关气相色谱保留值与化学结构间关系的研究就属这种情况。

胡皆汉把氮肥增效剂的化学结构鉴定出来后，还用色谱法分离出它合成过程中产出的13种副产物的化学结构。不过，胡皆汉在鉴定氮肥增效剂研制中生成的主产品与副产品的化学结构中，他敏锐地注意到

5-氯-2-三氯甲基吡啶分子与6-氯-2-三氯甲基吡啶分子相比，在同一色谱柱和相同的操作条件下，前者的色谱保留值（即色谱峰出峰的时间）比后者的保留值小，即前者的流出时间短，出色谱峰在前，而后者的流出时间比前者长，出峰时间在后。它们有相同的元素、相同的分子量、相同的化学基团和相同的原子个数，只是前者的一个氯原子在吡啶环的 3 位，而后者的氯原子在吡啶环的 2 位，在化学结构上就这么一点不同，就造成了气相色谱保留值的不同，于是胡皆汉想到：气相色谱保留值与分子化学结构一定有着密切的关系。

胡皆汉开始是做光谱研究工作的，光谱与色谱是两个不同的研究领域，原理不同，理论也不同。做光谱研究的人，一般不会去探究这样的问题，即使是从事气相色谱工作的人，没有灵敏的头脑和敏捷的思维，也不会想到这样的问题。胡皆汉对这样的问题产生了浓厚的兴趣，这种兴趣使他进入了另一个领域的理论性研究。

色谱学作为一门在当时已发展了几十年的学科，它的基础理论已比较完备，而且已发现了各种各样的色谱规律，经典的色谱著作早已出版。胡皆汉阅读了一两本相关著作后，了解到分析样品与色谱柱固定相之间的相互作用本质上是分子与分子之间力的相互作用。从物理学的角度来看，分子之间力的相互作用，大体可以分为静电力、诱导力、色散力三种，除此之外，如果分子能产生氢键，分子之间的作用力还应把氢键考虑进去。

上述理论虽早为人所知，但当时的色谱著作与文献都没有报道过以定量的公式来处理气相色谱保留值与分子化学结构的关系。胡皆汉认识到分子化学结构必定影响了色谱的保留值，接下来便是如何把分子的化学结构与分子的三种力关联起来，用数学公式定量地进行表达。

经过一系列的关联，胡皆汉把分子间的作用力化为摩尔折射度和偶极矩的计算，而摩尔折射度与偶极矩又可以从分子的化学结构，把它拆开为构成它的化学键的相应值而计算出来，各种化学键的折射度和偶极矩文献上已有详细的报道。这样一来，根据一般理论，最后胡皆汉推出一个过去文献没有的公式：

$$\log t_g = \frac{C_1}{RT} R_A + \frac{C_2}{RT} u^2_A + C_3$$

为了验证这个公式，胡皆汉等人做了上述氮肥增效剂和13种副产物的气相色谱保留值的实测与理论计算，结果表明，按公式计算的理论计算值与实测值的符合度十分好。

胡皆汉把这项成果写成一篇题为《某些α-甲基吡啶氯化产物的气相色谱保留值与其分子结构间的关系》的论文，于1979年发表在《科学通报》上。其后不久，胡皆汉调回了大连化学物理研究所，所里的马兆兰是做气相色谱分析工作的，她对34种烷基吡啶化合物在两种不同色谱固定相（PEG-1500与SE-30）色谱柱上系统地测定了它们的保留值，然后把这些数据交给了胡皆汉，胡皆汉根据前面提出的公式，从理论上计算了这34种烷基吡啶在这两种色谱柱上的气相色谱保留值与实测保留值对比，同样得到两者十分符合的结果。胡皆汉又写了一篇题为《某些烷基吡啶化合物化学结构与其气相色谱保留指数间的关系》的论文，于1981年发表在《科学通报》上。

对于胡皆汉的这项发现工作，他的同事程国宝是这样评价的：

> 我们结构化学组的主要工作是化学结构的谱学鉴定和分析，但是胡皆汉不满足这些日常工作，而非常注意从中深入挖掘，找出更有实际意义的工作课题。他眼光敏锐，能从所接触的任务工作中提炼出新的课题，进而将研究渗透到其他学科。譬如，他以结构化学的观点分析了烷基吡啶的色谱分析数据，创造性地总结出色谱保留值（出色谱峰时间）与其分子结构间的关系。此项工作受到著名色谱化学专家卢佩章院士的称

图7-3 科技成果奖证书（胡皆汉提供）

赞，号召他的学生向胡皆汉学习。这项工作也荣获了中国科学院重大科技成果奖二等奖。[①]

对核磁共振 ABC 三自旋体系提出了一种新的归属方法

氮肥增效剂分子中的 3 个质子（H）形成了三自旋，又由于胡皆汉当时所作的氮肥增效剂的氢谱是在低磁场仪器作的，氢谱峰分裂很复杂，在核磁共振术语上属于强耦合，用开头的大写英文字母表示，所以氮肥增效剂分子内的 3 个质子在低磁场画得的谱图便属 ABC 三自旋质子体系。对 ABC 自旋质子磁共振波谱的精确分析与理论计算公式，文献上提供了几种求解方法。在各种精确求解方法中，均先对实验谱峰，按照谱峰之间的间隔会出现重复相等的规则，或再结合谱峰强度来进行对谱峰的指认（归属），然后根据已指认的谱峰，计算出体系的能级进而求出体系的耦合常数和化学位移（这是核磁共振波谱中最重要的两个数值）。文献从 ABC 自旋体系量子力学的哈密顿（H）矩阵出发，证明对任何 ABC 三自旋体系的 15 个谱峰均有 15 种可能的指认（归属）和 10 列独立的能级，但在 15 种可能的指认归属和 10 列独立的能级中，如何预先找出其中正确的一种指认归属和能级，胡皆汉想出了一种比文献上更简单的方法。他从已经证明过的 ABC 体系重复间隔规则等性质开始，采用一般的代数方法，同样证明了任何 ABC 三自旋体系的 15 个谱峰只有 15 种可能的指认归属和 10 列独立的能级。同时，他还证明了在 15 种可能的指认归属中，其相应的 3 个重复间隔之和中只有 10 种代数和的绝对值是独立的，而且只有一组代数和是不随实验条件而改变，其和正好等于 3 个耦合常数之和，而 3 个耦合常数之和也不会随实验条件而改变。这样一来，胡皆汉便可以从 15 种可能的指认归属中找出其中正确的一种指认归属。有了正确的指认

[①] 程国宝访谈，2016 年 8 月 1 日，大连。资料存于采集工程数据库。

归属，进而就可求出体系的耦合常数和化学位移。由于胡皆汉在推导过程中使用了一般的数学表达式，推得的公式可以应用于任何 ABC 三自旋系统。

这项研究工作是胡皆汉在 1977 年上半年完成的，属于理论性的研究。胡皆汉把此项研究的结果写成论文，发表在《化学学报》1979 年第 2 期，被列在首篇。胡皆汉将推导出的新的归属方法应用于氮肥增效剂氢谱的解析，对氢谱图进行了指认归属，并计算了它的 3 个耦合常数和谱峰的化学位移。他将这项研究写成论文，发表于《化学学报》1980 年第 1 期。

这样，胡皆汉的研究工作真正进入了核磁共振波谱学领域。1977 年 5 月 27 日，在胡皆汉写完《ABC 三自旋新归属方法》论文后，夜不能寐，随手写了一首小诗，以表达他当时的心情：

> 始读核磁才朦通，不想初试竟成功。
> 前人知识终须学，更要追根启思聪。
> 现象纷纭研者喜，一根规丝天衣缝。
> 科学征途日月新，不畏崎岖攀高峰。①

1978 年 12 月 8 日至 14 日，在福州市召开了全国第二次物质结构学术会议。会议由中国科学院福建物质结构研究所负责筹办。胡皆汉因提交的论文《ABC 三自旋新归属方法》被大会采用，于是到福州去参加了这次会议。会议由福建物质结构所所长卢嘉锡主持，参加的人多是国内物质结构研究方面的权威，而胡皆汉则是个刚入研究之门的普通科技人员。会议期间，卢嘉锡曾单独接见过胡皆汉，询问他对光谱波谱上的一些研究。

会议期间，胡皆汉和南京大学游效曾教授同住一个房间，从此相识。大连化学物理研究所参加此次学术会议的有郭和夫、郭燮贤、王弘立和陈荣。胡皆汉在会上做了报告，由于当时国内从事核磁共振研究的人很少，

---

① 胡皆汉:《秋虫集》。北京：中国文联出版社，2001 年。

所以几乎没有人提问。通过这次学术交流，胡皆汉认识了一些同行，使他融入了中国科学界的专业群体中。

探索性研究经验谈

探索性的研究工作，就像福尔摩斯侦探小说一样，案件的发生有各种各样的可能，侦察的线索也可以有各种各样的解释。有经验又善于思考的侦察人员，能在错综复杂的情况中抓住最有决定意义的线索，加以分析、综合，最后才能破案。探索性的研究也是一样，首先要想到各种各样的可能，然后在众多的可能中进行排除，尽可能多地收集数据，进行思考，综合分析。即便如此，有时仍不能揭开谜底，足见探索性的研究工作没有一种既定的方案可循。它是一种创造性的工作，唯其如此，才能吸引喜欢思考和爱好科学的人。

胡皆汉在大连市轻化工研究所工作期间，在研究上往往会遇到上面所描述的情况。作为经验，这里只叙述其中的四个例子。

第一例。有一段时间，张兆兰领导的小组要合成一种阻燃剂，要经过多步的反应，才能获得最终产品。这种阻燃剂的研制工作也在北京的一个研究所同时进行，但是经过很长时间都没有把最终产品合成出来。张兆兰便找胡皆汉商量，制订了把每步反应物都进行红外光谱分析的方案。当胡皆汉分析到中间某一步反应物时，红外光谱图上出现了可以解释为含氧基团的谱带，这是这步产物不应出现的谱带，胡皆汉不确定他的解释是否正确，便建议张兆兰把露于空气的实验装置改为在氮气下进行。张兆兰立即把实验装置改为在氮气下进行，并按照以前的条件进行反应，把反应产品拿给胡皆汉分析，结果这次样品的红外光谱图不再出现胡皆汉怀疑的含氧基团特征谱带。这就证实了胡皆汉的解释是正确的，也为张兆兰小组找到了他们过去为什么没有获得最终产品的原因，最终合成了所需的阻燃剂。在胡皆汉看来，"研究是要动脑子的，即使试制工作有前人的路子可循，容易些，但就像这个例子，如果忽略了某些条件，不利用专业知识进行详细考察和思考，即使人再多，时间再长，也无济于事。"①

第二例。有一次衣料整理剂小组的同事把合成的整理剂拿到沈阳某纺织研究所去做性能测试。前两次拿去的样品，纺织研究所测试结果都说不错，但第三次拿去的样品，测试结果没有整理性能，怀疑合成是否出了问题。整理剂小组的同事来问胡皆汉，胡皆汉回答说不会，因为他把每次送去的样品都画了红外光谱图保留着，第三次送去的样品红外光谱图和前两次送去的一样，红外光谱就好像人的指纹，不同的人有不同的指纹，不同样品（化合物）有不同的红外光谱图，既然前两次送去的样品性能是好的，那么第三次送去的性能也一定会好。经过一番认真思考后，胡皆汉怀疑纺织研究所测试人员拿错了样品，建议衣料整理剂小组寻找样品重新做，后来他们找到了样品进行重新测试，结果与前两次一样。通过这次样品测试事情，衣料整理剂小组的人更加佩服胡皆汉，对他也更加信任。

第三例。1974年秋天，研究所有一个小组合成了一种化合物，该组把合成的样品请分析室画红外光谱图。当时胡皆汉出差在外，图是由室主任刘长乐画的。画出来的红外光谱图与文献上记载的该化合物的红外光谱对照后有很大不同，他对该组的研究人员说，你们没有合成到那种化合物。该小组的同事回去找原因，进行了多次实验，画出的红外光谱图仍是对不上文献上所记载的红外光谱图。那个小组本来想用这种化合物合成的样品作为国庆节的献礼，现在对不上文献上记载的红外光谱图，只好作罢。国庆节过后，胡皆汉从外地回到所里，该小组同事拿出红外光谱图让胡皆汉看，胡皆汉看到所画样品红外光谱图确实与书上记载该化合物的红外光谱图有很大的差别。该小组的同事对胡皆汉说，我们对合成样品所作的元素分析与熔点测定都符合该化合物的数据，就是红外光谱图不对。胡皆汉拿着红外光谱图，想来想去，一时也想不清楚。忽然，他想到这种合成化合物是一种含氮化合物，有些含氮化合物的红外

---

① 胡皆汉访谈，2016年8月3日，大连。资料存于采集工程数据库。

光谱图如果作图条件不同，比如一种是在固态下作图，一种是在液态下作图，它的红外光谱图是有很大区别的。于是，胡皆汉急忙去查看书中所载该化合物红外光谱图的作图条件，但是该书没有注明是在什么条件下作的红外光谱图。胡皆汉又问该小组的同事，该化合物的熔点温度是多少度，他们说是40多度。胡皆汉又看了刘长乐所作的是在固态下作的，他猜想书中该化合物谱图是在液态下作的。于是，胡皆汉拿来吹风机，把样品置于透明的溴化钾压片上，将有样品的溴化钾压片置于光谱仪的光路上，打开吹风机，送进热风，样品逐渐在溴化钾压片上熔化变为液态，趁熔化之时画红外光谱，所得谱图与书中所记载的那张红外光谱图完全相同，这样便解决了所有的疑点。

第四例。1976年前后，当时大连工学院有一个组研究胶片催化剂。他们先剖析欧洲某国的一种胶片催化剂，然后按剖析结果进行试制。经过反复试制都没有成功。他们怀疑剖析出了问题，于是负责剖析工作的老师拿着对各种分离物（被剖析的催化剂是一种混合物，所以需要先分离，再对逐个成分进行鉴定）所画的红外光谱图和有关化学分析数据到大连市轻化工研究所来找胡皆汉。胡皆汉把他们分离开的各个组分的红外光谱和有关分析数据与他们得出的每个组分的化学结构进行了思考，并找相关标准红外光谱图进行核对，觉得他们对各组分的剖析结果都是对的。

胡皆汉认真思考了多天，反复看大连工学院送来的红外光谱图，进行分析核对，也不得要领。后来他意识到，是否有可能在分离过程中有些组分的化学结构发生了变化，才没有成功。根据这种可能性的存在，胡皆汉立即问大连工学院的老师，他们有没有画过不进行分离前原样品的红外光谱图，他们说没有画过。胡皆汉立即叫他们画一张原样品的红外光谱图送过来。胡皆汉把所有分离后各组分的红外光谱按各组分分析相对比例量，大致地在脑子里进行叠加，再与原样品红外光谱对照，如果分离的各个组分化学结构都没有发生变化，那么叠加后的红外光谱图就与原样品的红外光谱图一致。但是，情况并不是这样，胡皆汉发现有些分离后的组分其红外光谱谱带在原样品的红外光谱图上找不到，他断定有些组分在分离后发生了变化，胡皆汉按照新出现的谱带进一步指出可能是由那些新出现的化学基团所引起的。经过几天的反复思索,终于有了结果。大连工学院的老师按照胡皆汉的提示,改变了分离方法重新进行分离剖析,再合成或购买组分,然后复合,不久便获得了成功。

纪念爱因斯坦诞辰 100 周年的报告

1977 年是爱因斯坦诞辰 100 周年,世界上很多著名学术团体都举行了庆祝活动,大连市轻化工研究所决定举办"纪念爱因斯坦诞辰 100 周年"活动,所领导决定请胡皆汉作一个纪念报告。胡皆汉在报告中用简洁的语言概括了爱因斯坦的主要贡献,并列举了两则趣话:

第一,爱因斯坦从不故步自封,永远不满足于自己已经取得的成果,永远虚怀若谷地不断向前探索未知的真理。爱因斯坦经常用来勉励自己的是德国启蒙运动者莱辛的名言:"对真理的追求要比对真理的占有更为可贵"。

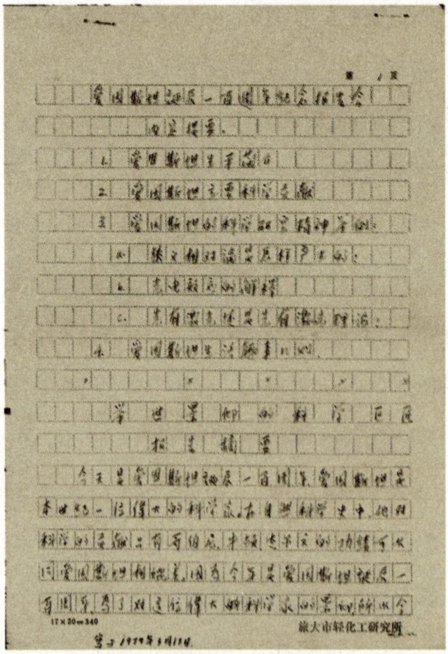

第二,爱因斯坦刻苦钻研,不怕困难,有坚毅的攻关精神,爱因斯坦说过:"我无法容忍这样的科学家,他们拿起一块木板,专找最薄的部分在最容易钻孔的地方钻很多孔"。

胡皆汉当时选择这两则趣话的主要动因是:在他看来,我们国家某些科研人员缺乏这种不断探索、不断创新的精神,故步自封、喜欢

图 7-4 胡皆汉在纪念爱因斯坦诞辰 100 周年的报告手稿

模仿，最缺乏的是原创成果，在最容易的地方大做文章，说到底缺乏爱因斯坦的那种勇气。胡皆汉的报告表达了他对"勇于创新、勇于追求、善跟前沿"的敬仰，同时也表达了他对科学创新与理论研究的向往与追求。

出席科技大会

1977年5月，党中央在听取中国科学院工作汇报时提出，要开一个全国科学大会，把科技教育界的劲儿鼓起来。听闻喜讯，全国广大知识分子欢欣鼓舞、热烈拥护，热切期盼我国科技界的这一盛会。8月，中共十一大正式宣布"中央决定，在适当的时候召开全国科学大会"。胡皆汉听到这一消息后，与全国广大科技人员一样异常兴奋。他万分激动地写了一首诗：

> 满目春意浓，百花舞东风。
> 科学大会暖，壮志凌太空。
> 云去日初丽，奋力驾长虹。
> 为了现代化，千军万马冲。[①]

1978年全国科学大会之后，大连市也召开了全市的科学大会。作为大连市轻化工研究所唯一的一个研究人员代表，胡皆汉荣幸地参加了那次大会。在此期间，大连市广播电台向全市播送了4个人的科技工作事迹，其中一个便是胡皆汉。

在胡皆汉看来，参加这次全市的科学大会，作为一个科学工作者，一方面感到很高兴，另一方面也感到责任更加重大，需要加倍努力，才能不辜负党中央及各级领导对他们的期望。

---

① 胡皆汉：《秋虫集》．北京：中国文联出版社，2001年．

难以忘怀的六年时光

20世纪70年代后期,大连市轻化工研究所分析室在对化学结构的鉴定分析等方面在大连市已有点小名气,以致大连化学物理研究所、大连工学院、大连合成纤维研究所、辽宁省化工研究所和大连石油七厂研究所等单位在分子化学结构分析或红外光谱分析等方面遇到问题时,都会到大连市轻化工研究所分析室向胡皆汉等人咨询或请求帮助。

在1973年6月到轻化工研究所分析室之前,胡皆汉从来没有做过具体的分析工作,只懂得有关红外光谱理论方面的一点知识,经过6年多来的学习、工作,胡皆汉渐渐地了解了做化学结构分析需要用到的红外光谱、紫外光谱、核磁共振谱、色谱、质谱等各种谱学知识,除给研究所各课题组作分析服务外,还撰写了27篇文章发表在《助剂通讯》上,1篇发表在《科学通报》上,2篇发表在《化学学报》上,还有2篇发表在《分析化学》上,并调试了2种新仪器。

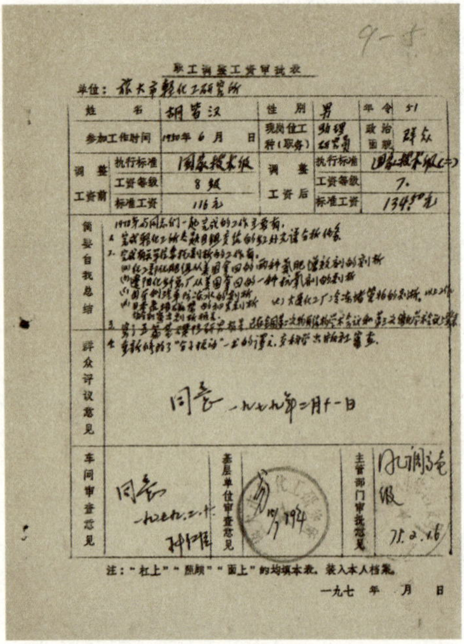

这六年中,胡皆汉之所以能够学到点东西,做出点成绩,除自己的努力和家人的支持外,最重要的就是他得到了一个较为稳定的工作环境。六年的时间,前一半处在"文化大革命"中,后一半仍有"文化大革命"极"左"思想的影响。但是,大连市轻化工研究所的职工没有怠慢他,没有因为他的"历史"问题疏远他、鄙视他。各级领导都非常关照他,特别是吴所长,虽然他是军人出

图7-5 职工调整工资审批表

身，对科研不十分内行，但他为人正直、厚道，能实事求是地对待胡皆汉所做的工作，没有干涉胡皆汉的自由探索研究，胡皆汉深感自己虽身处乱世之中却如此幸运。

在这期间，胡皆汉曾先后获得了大连市轻化工研究所先进工作者和大连市化工局先进工作者的称号，1977年大连市化学工业局还给胡皆汉颁发"个人科技成绩显著奖"。

更令胡皆汉感动的是1978年全国性第一次调整工资的时候，开始国家规定这次主要给月工资在100元以下的人提升工资。胡皆汉的月工资在1956年时就已被评为116元，所以这次调整工资不在考虑之列。后来，又增加了一个附加规定，多给职工人数百分之二的调整工资名额，以奖励那些工作优秀的职工，这种名额不再受百元以上的限制。当时大连市轻化工研究所有职工200多人，可以有4个附加调整工资名额。所领导让全所职工民主选出，结果在选出的名单中有胡皆汉的名字，这样，胡皆汉的工资又提升了一级。

胡皆汉在轻化工研究所工作六年多，很多往事令他终生难忘。在这期间，胡皆汉的儿女也逐渐长大，孩子们已从农村回城转学，老大胡伽罗于1977年上半年中学毕业，毕业后也曾作为知识青年下乡到庄河，幸好那年全国恢复高考，他在农村考点应试，被东北工学院（今东北大学）力学师资班录取。老二胡伽尼，1977年在大连市全市中学生数学竞赛中获得了第一名，1978年中学毕业，考入辽宁大学物理系。小女儿胡伽玲正在读

图7-6　1977年旅大市化工局颁发的奖状（奖状存于采集工程数据库）

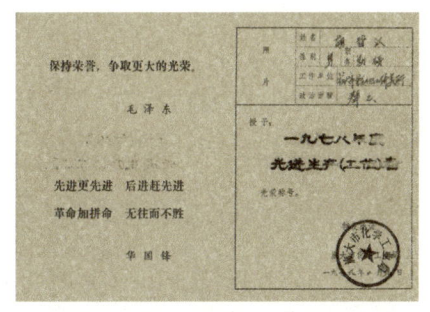

图7-7　旅大市化工局颁发的1978年先进工作者称号证书（证书存于采集工程数据库）

第七章　初步获得了较稳定的科研工作

高中。

  在地方研究所做的是实用性的研究工作，虽不是胡皆汉所喜爱的基础性、前沿性研究工作，但在不安定的社会大环境中，胡皆汉一家人能有一段比较安定的时光，实在是他平生的大幸了。

第八章
重返大连化学物理研究所

艰难的归来

1979年11月，几经波折，胡皆汉终于调回大连化学物理研究所工作。他自己曾说过：

> 1979年，我请求调回大连化学物理研究所，一方面是自己请求；另一方面是大连化学物理研究所副所长郭和夫教授出了很多力，当时旅大市轻化工研究所的领导不放我回大连化学物理研究所。[1]

1979年上半年，大连化学物理研究所催化研究室的辛勤[2]在做催化剂

---

[1] 胡皆汉访谈，2016年8月4日，大连。资料存于采集工程数据库。

[2] 辛勤（1939—2020），1962年毕业于吉林大学化学系。中国科学院大连化学物理研究所研究员、博士生导师、教授。曾任催化基础国家重点实验室学术委员会副主任、中国化学会催化专业委员会秘书长、中国化学会分子光谱委员会委员等职。

吸附态的红外光谱研究时，怀疑他们研究的催化体系出现了文献上未观察过的新的吸附态，请胡皆汉一起讨论如何解释吸附红外光谱图。他们经过共同探讨，很快解决了原来存疑的问题，并进一步研究了水对于此催化体系吸附态的影响，获得了一些新的成果。后来他们合作撰写了两篇论文，分别于1980年发表在《催化学报》的第2期与第3期上，这引起了时任大连化学物理研究所副所长和催化研究室主任郭燮贤对胡皆汉的注意，郭燮贤很想争取胡皆汉到他所领导的研究室。

而时任大连化学物理研究所副所长的郭和夫在研究所领导第二研究室，主要从事有机合成等研究工作。他领导的一个研究组的组长贝浼智和胡皆汉很熟悉，经过他的推荐，郭和夫教授逐渐了解了胡皆汉，但真正引起郭和夫关注胡皆汉的是在1979年下半年，有一天郭和夫要胡皆汉看一篇文章。这篇文章是叙述作者对吡啶氯化铜量子化学计算的研究结果。回到大连市轻化工研究所后，胡皆汉连夜看了那篇文章，发现文章有可能用错了文献上的光谱数据。文章所引光谱参考文献是德国期刊，由于胡皆汉不懂德文，第二天就把他的质疑告诉了郭和夫。郭和夫懂德文，便从所图书馆里要来了那期德国期刊，胡皆汉请郭和夫译读给他听。文献上所说的是一个电子态里的不同振动态的数据，不是文章作者所理解的不同电子态的数据。文章作者把振动态理解为电子态，张冠李戴了。胡皆汉大概写了几条意见，把文章交给郭和夫。

第二天郭和夫立即请量子化学计算研究的那篇文章的作者和合成吡啶氯化铜的负责人与胡皆汉共同开了一个讨论会。原来，这篇文章的署名中有一位负责同志的名字，而这位同志当时正在北京，正准备携带这篇文章与另一篇研究吡啶氯化铜合成的文章乘飞机到美国参加有关学术会议。那时国门刚打开，如果在国际学术会议上宣读了这篇文章，后果不堪设想。后来量子化学计算研究的作者，立即把那篇文章撤回了。通过这件事，郭和夫对胡皆汉有了进一步的了解，这应该是他要把胡皆汉调回大连化学物理研究所的重要原因之一吧。

20世纪六七十年代，每个单位的人员流动非常少，职工人员指标都是比较固定的，从外单位调人是一件非常难的事情。

为了将胡皆汉调回大连化学物理研究所，郭和夫曾几次到大连轻化工研究所商谈此事，都被拒绝。正当郭和夫为此事一筹莫展时，肖正义给郭和夫出了个主意，请他直接找大连市市长魏富海。郭和夫一向将工作放在第一位，从不为个人私利求人，为了引进胡皆汉这个人才，他决定破例"走一次后门"。魏富海市长听了郭和夫的来意，立即给市化工局一把手打电话，要他帮助解决这个问题，并再三嘱咐办好。

图 8-1　1980 年胡皆汉与郭和夫教授在大连化学物理研究所门前合影（胡皆汉提供）

原本以为大连市长发话了，调胡皆汉回大连化学物理研究所应当没有任何问题。其实不然。不久，大连市轻化工研究所的领导就请郭和夫前去商谈。他们同意胡皆汉的调离，但提出一个附加条件，就是要大连化学物理研究所调一名玻璃细工到大连市轻化工研究所，当时能作科研设备的玻璃细工非常稀缺。郭和夫回来将这一情况向党委书记王坪作了汇报。说实在的，从中国科学院的研究所调到地方研究所，大家都不愿意去。为了引进胡皆汉这个科技人才，领导多次耐心做通了一名同志的工作，这个问题才得以圆满解决。当年 11 月，胡皆汉终于回到了大连化学物理研究所。

第一次被任命为研究组组长

1979 年年底，经历了一波三折，胡皆汉终于回到了大连化学物理研究所。那一年他已经 51 岁了，虽然已经过了做研究工作的最佳年龄，但对他个人而言，却是从事科学研究以来的最佳时光。其原因有四：其一，过去胡皆汉是一般的研究人员，没有什么自主权，许多创新想法常常被搁浅。

他一回到大连化学物理研究所，郭和夫就提议他做结构化学研究组组长，所里也很快就任命了。这样，他在科学研究工作上有了一些自主权，他对科研的一些新颖想法和创新思路都有可能付诸实践。其二，当时的结构化学研究组，配备了10多个优秀的研究人员，无论从个人的学历还是动手能力都非等闲之辈，对开展基础性、前沿性的研究十分有利。其三，自1981年起胡皆汉有了带硕士研究生的资格，1986年又被国务院学术委员会批准为博士生导师，这些研究生都是一些头脑灵活、有基础知识、富于创新性的年轻人，他们大大增强了研究组的力量，补充了新鲜的血液。其四，为了增加研究力量，胡皆汉每年还从有关大学要来10多名大学毕业生来组里做实验研究，还有别单位的研究人员来组里进修或做合作研究。所以组里工作的人员较多，热闹非常。

谈到这些情况时，同事肖正义说：

老胡这次调回大连化学物理研究所时间是1979年的11月。尽管他已经50多岁了，与许多同年龄的人相比，他精力充沛，不减当年。这个时候，国家的环境比较安定，另外，此时国家又出台了许多落实知识分子的政策，这对老胡和每一位化物所的人都是巨大的鼓舞。在这种环境下，老胡也安定下来，将自己的才华和精力都贡献给了科研事业。

老胡一生对科研事业非常执着，无论在顺境还是逆境，他都始终坚持搞科学研究，从不放弃。①

对于胡皆汉的到来，郭和夫异常兴奋。他除了提议胡皆汉担任化学结构分析组的组长、委托胡皆汉帮带他自己招收的研究生外，还为这个研究组引进了一台美国生产的80兆赫核磁共振仪。20世纪70年代末，争取这么一台设备，对于研究所来说，是件很不容易的事情，因为当时的经费有限，特别是外汇很少。据说当时全国也就有10台。除了这台仪器，郭和

---

① 肖正义访谈，2016年8月2日，大连。资料存于采集工程数据库。

图 8-2　1982 年结构化学研究组成员合影（左起：腾英、章晓华、韩秀文、程国宝、杨振云、姜增全、胡皆汉、纪涛、肖正义、王国祯、宋永哲、禄厚本。胡皆汉提供）

夫又为研究组装备了红外光谱、顺磁共振光谱仪等。郭和夫为胡皆汉创造了条件，使他的工作比较顺利地开展了起来。

谈及当时的心情时，胡皆汉说：

图 8-3　20 世纪 70 年代末胡皆汉在实验室的留影

> 我有了这么多的优秀研究人员和先进的大型仪器，又有了一定的自主权，真是为我的研究提供了可靠的保障。我当时下决心抓紧这宝贵的时光，发愤图强，努力工作、努力研究，把自己带领的研究组建成一个既有实践经验与解决实际问题能力，又有理论进行探索性、前沿性研究的结构化学研究组。①

---

① 胡皆汉访谈，2016 年 8 月 4 日，大连。资料存于采集工程数据库。

第八章　重返大连化学物理研究所

开展化学核磁共振研究

　　胡皆汉初到大连化学物理研究所结构化学组时，所里购买的核磁共振波谱仪刚从美国运到。生产这种仪器的美国瓦里安公司派了一个华人工程师来帮助安装调试仪器。这位工程师给胡皆汉的印象是：从安装与操作仪器的过程来看，他并不熟悉，也像个新手，但在全组人员的共同努力下，仪器很快就安装完毕，并启用运转。

　　核磁共振仪能够正常运转后，便立即投入工作。一方面面向全所，为全所各研究组需用核磁共振者服务，帮他们画样品的核磁共振谱图，并给予适当的解释。实际上使用核磁共振仪最多的研究室，还是胡皆汉所在的第二研究室，他们主要从事有机合成研究，合成的各种样品比较多，有了核磁共振仪，大家都想用它来做合成样品的化学结构鉴定。20世纪80年代初，国内使用核磁共振谱配合合成研究工作来鉴定合成样品化学结构和探讨合成机理远不如现今那么普遍。

　　胡皆汉领导的研究组不仅为各研究组做鉴定性的核磁共振波谱服务，在鉴定出在文献上未报道过的新分子时，他们还会对这些新分子做详尽的核磁共振波谱学上的研究，找寻化学结构与碳谱氢谱间的关系等。这些工作不是别人让他们去做的，而是他们主动去研究的。后来，用核磁共振谱来确定合成新化合物化学结构与其核磁共振波谱方面的研究便成为他们研究组的主要工作之一，他们在这方面确定了几百种合成的与生物的新化合物的化学结构与其核磁共振谱上的研究，发表了几十篇论文。

　　由于既要做服务性的核磁共振工作，又要做自己的核磁共振研究工作，所以他们那台核磁共振仪几乎是一年四季24小时运转，利用率极高。在中国科学院每年进行的各研究所大型仪器使用与保养的评比上，他们研究组年年都获得中国科学院颁发的奖状。后来，他们又购进了一台只能作氢谱的简易核磁共振仪，专门做样品的氢谱，而原先的那台谱仪就专门作碳谱和其他方面的核磁共振谱。

20 世纪 80 年代，大连化学物理研究所化工研究室陆续开展了膜分离技术的研究，1987 年，研究膜分离的陈嘉彦来找胡皆汉，问能不能与他合作研究水与反渗透膜相互作用的问题，胡皆汉觉得这个课题很好，这种研究带有应用基础研究的某些性质，特别适合当时的中国。研究虽然是实用性、仿制性的，但如果能够研究这些仿制产品为什么有这种性能、为什么好等，我们就不会永远跟着国外跑，可以发展出自己的、更好性能的新产品。所以胡皆汉立即答应陈嘉彦，与他合作做这种课题的研究。

胡皆汉将红外光谱应用于此项研究，并建立了一些适合这项研究的附加设备。陈嘉彦拿来 PBIL（一种膜的名称）等反渗透膜给胡皆汉。他们做了不涂于膜上与涂于各种膜上的水的红外光谱图，考察水在 3500 cm^{-1}（波数）附近出现的红外特征吸收峰，发现水与各种反渗透膜的相互作用是不同的。水的这个特征反映了水分子之间的氢键状态有所不同，氢键越强的谱峰的位置越向低波数（即比 3500 cm^{-1} 小）移动，反之氢键越弱则向高波数移动。水在膜上与不在膜上，这个特征吸收峰位置的不同，说明膜与水是有相互作用的。而水在各种膜上，这个特征吸收峰位置的不同，又说明各种膜与水的相互作用程度是不同的。

如果把膜的分子结构与水相互作用的强弱进行关联，便可知道膜分子结构与水作用的一些关系，进而找到它们之间的一些规律。如果把各种膜与水相互作用强弱不同与各种膜反渗透功能的不同联系起来研究，又可以找寻到膜分子结构与反渗透功能之间的一些关系，从而设计与研究出性能更好的新的反渗透膜来。同时，他们发现膜可以使水中的氢键减弱，他们对比了几种不同的反渗透膜，初步得到的结果是氢键减弱越大的，反渗透功能更好些。胡皆汉把这些研究结果写成了两篇文章，先后发表于 1989 年和 1990 年出版的《膜科学与技术》上。

胡皆汉从大连市轻化工研究所调回大连化学物理研究所后，很想多做点工作。由于他对红外光谱比较熟识，除抓紧核磁共振谱有关分析与研究工作外，也想对振动光谱做点服务性工作。正值胡皆汉所在的第二研究室有个研究组正在研究有关吡啶氯化铜催化的问题，据说作为催化剂，吡啶氯化铜对某类反应最为有效。吡啶氯化铜是一种络合物，络合后的吡啶与不络合的吡啶在性质上是不同的，反映在它们红外光谱的振动基频也有相应的变化。不同金属离子对吡啶的络合强弱也有所不同，同样可以反映在它们振动基频频率的变化上。胡皆汉想能否从光谱的角度来阐明吡啶氯化铜最为有效的问题，便对这个问题展开了研究。他从该研究组要了一点吡啶氯化铜的样品，画了红外光谱图，并对络合中吡啶的所有振动基频做了指认归属。又从文献上查到与铜同一周期的钪、钛、钒、铬、锰、铁、钴、镍的氯化吡啶络合物的吡啶振动基频数据，这一周期的过渡金属就只缺与锌的络合吡啶了。于是胡皆汉请他们研究组的程国宝合成了吡啶氯化锌，顺便又合成了吡啶氯化镉，随后做了它们的红外光谱，对它们的振动基频也做了指认归属。这样，他们便有了这一周期的所有吡啶氯化过渡金属络合物的吡啶振动基频数据。胡皆汉发现吡啶中有一个振动基频的频率随络合金属离子的不同而有规律地变化，在吡啶氯化铜处达到最大值，这与吡啶氯化铜对某类反应最为有效相对应。通过这一结果，胡皆汉看出了一些规律，说明红外光谱可应用于此类研究，后来他们写了一篇论文发表于《光谱学与光谱分析》上。

对分子光谱理论和应用的研究与开发

在振动光谱领域，胡皆汉等在国内首先进行了振动光谱的理论计算，编制了计算机计算程序；出版了两本专著；举办了全国性的振动光谱计算学习班，参与了一次全国性的振动光谱理论学习班的理论课讲授。

胡皆汉在20世纪60年代中期最初进入的研究领域便是振动分析理论性的研究，后来因"文化大革命"中断了。调回大连化学物理研究所后，便恢复了这方面的研究工作。胡皆汉回到大连化学物理研究所的第一年，郭和夫教授便让胡皆汉指导自己招收的硕士研究生王国祯。胡皆汉安排他

图 8-4　1982 年 4 月，全国多原子分子简正坐标计算程序应用讨论班合影（第一排右五胡皆汉，第三排左三王国祯。胡皆汉提供）

的研究课题是"有关振动光谱方面的理论计算研究"。王国祯于 20 世纪 60 年代中期毕业于中国科学技术大学，由于"文化大革命"的原因，虽然工作了多年，但直到 1980 年才有机会报考研究生。他为人勤恳正直，胡皆汉只大他 10 多岁，但王国祯非常尊重胡皆汉，后来王国祯研究生毕业后留在组里做研究工作，与胡皆汉又成了同事。每逢春节，王国祯都要到胡皆汉家拜访他，这样的师生与同事关系实在难得。

振动光谱的理论计算十分复杂，不是理论上存在什么问题，也不是没有计算方法，而是需要计算的量太大。如一个分子由 N 个原子组成，那么它的振动基频数就有 3N−6（对线型分子有 3N−5）个。如一个分子由 20 个原子组成，那么它的振动基频数便有 54 个，表现在红外光谱图上，由于有些基频可以重合或有些不能出现，在光谱图上出现的基频谱峰可以少于 54 个谱峰，但是在光谱图出现的谱峰不仅有基频谱峰，还可以出现泛频（基频频率的整数倍）、合频（两个或两个以上基频的加和）与差频（基频频率的相减）等谱峰，所以红外光谱图是十分复杂的。从理论上计算红外光谱有两种方法：一种是先从仪器画出的光谱图中找出所有的振动基频谱峰，然后按理论上规定的方程计算出分子中反映各个化学键强弱的力常数，即计算出分子内的力场。所以，振动光谱理论计算的一个结果，便是可以得出分子中的力场情况。另一种是从假定的力常数与分子的立体结构（如键长、键角等）出发，反过来计算分子的振动基频。由于分子的基频数与力常数的个数对一个含有10多个原子的小分子来说已经很大，所以分子振动光谱的理论计算必须用计算机。

20世纪80年代初期，国内拥有计算机的单位非常少，那时大连化学物理研究所还没有计算机，所以胡皆汉只能派王国祯到沈阳一个有计算机的单位去编振动光谱理论计算的计算程序和进行一些例子的实际计算。那时国内还没有其他研究单位或高等学校从事这方面的理论计算工作，一切都得从头做起。有一次，一个日本女科学家代表团到大连化学物理研究所参观访问，其中有一个名叫平川修子的老师，她是从事振动光谱研究方面的专家，说她那里有一种振动光谱理论计算的计算机程序，回日本后可以给胡皆汉寄一份。胡皆汉喜出望外，不久便收到了平川修子寄的计算程序。由于计算机的类型不同，王国祯参考寄来的程序，重新编制了适合自己的计算机程序，并进行了计算，获得了比较满意的结果。这是我国应用计算机计算振动光谱的开始。不久，胡皆汉等人在沈阳举办了一个学习班，全国有关研究单位和大学老师20多人前来参加。

1984年，王国祯已研究生毕业并留在研究组里工作，为了便于在国内推广并用于学习，胡皆汉与王国祯合作编著了《红外与拉曼光谱的计算原理和计算程序》，这是我国第一本有关振动光谱理论计算方面的专著，对我国开展分子振动光谱的基础研究提供了有力的工具。

其实，在振动光谱理论方面的学习上，早在1980年年初胡皆汉便参加过长春召开

图8-5 《红外与拉曼光谱的计算原理和计算程序》封面

图 8-6　1980 年全国分子光谱理论学习班合影（第一排左五吴征铠，左六吴学周，左十胡皆汉。胡皆汉提供）

过的一次全国性学习班，主要由中国科学院长春应用化学研究所所长吴学周[①]主持。参加的都是研究光谱的大学教师或研究单位的研究人员，大约有五六十人。任教人员除长春应用化学研究所的曾广赋、李来明两人，还有吉林大学的江元生、中国科学技术大学的辛厚文和胡皆汉等人。江元生主讲数学方法，胡皆汉主讲振动光谱理论，辛厚文主讲物理方面的知识，曾广赋和李来明两人主讲实验方法等。临结束时，复旦大学教授吴征铠也来参加。从此，胡皆汉也认识了一些从事光谱研究的同行，特别是吴学周教授对胡皆汉的印象很好，也非常欣赏他。从那次会议以后，胡皆汉引起了不少同行的关注。

胡皆汉早年自学过的那本振动光谱理论经典名著《分子振动——红外和拉曼振动光谱理论》，他自学自译，把英文翻译为中文初稿。胡皆汉在长春光谱理论学习班上所讲的内容多来自此书。1979 年，胡皆汉把《分子振动——红外和拉曼振动光谱理论》一书的中文译稿送到科学出版社准备出版。这本书当时受到吉林大学校长唐敖庆的重视，据说在 1978 年召开全国科学大会时，他曾建议将此书翻译成中文出版，当科学出版社的人

---

① 吴学周（1902—1983），江西萍乡人，物理化学家，中央研究院院士、中国科学院学部委员，中国分子光谱研究的奠基人之一。

第八章　重返大连化学物理研究所

告诉唐敖庆已有人翻译此书时，唐敖庆则说，一定鼓励翻译的人要及早出版。由于胡皆汉翻译的版本是1955年出版的，科学出版社的人说已有英文新版，希望胡皆汉能找到新版重译。经过几番周折，胡皆汉找到1980年出版的新版英文本，他看后几乎没有什么改动，只是把1955年版印错的个别地方改正了过来。其实，旧英文版这些个别印错的地方他在翻译时就发现了，并且已经把它改正过来了。就这样，胡皆汉把译稿重新整理后，再寄给科学出版社，终于在1985年正式出版发行。书出版后，他收到了大约2500元的稿费，在当时相当于他一年半的工资。采集小组访谈胡皆汉时，曾问他收到这笔数目较大的稿费后最想做的是什么？胡皆汉告诉小组人员：

我和爱人沈梅芳自1957年结婚后，30年来一直没有给她买过一件首饰，她含辛茹苦地养育孩子，为家操劳，得了这笔额外的稿费，为作纪念，我给她买了一条金项链。[1]

1995年6月11日，胡家的大儿媳白岩在美国研究生毕业，在授予硕士学位仪式上，沈梅芳将这条项链作为传家宝转赠给了白岩。胡皆汉曾赋诗曰：

婆母颈中链　解下赠贤媳
一因庆学位　更多缘孝情
金链系家史　非金价可比
十年著书勤　稿费购金链
愿作家中宝　传与贤儿媳
家兴靠和勤　书礼代代传[2]

---

[1] 胡皆汉访谈，2016年8月3日，大连。资料存于采集工程数据库。
[2] 胡皆汉：《秋虫集》。北京：中国文联出版社，2001年。

在振动光谱研究方面，其后几年，胡皆汉等人又陆续计算了几十种有机化合物，配位络合物与金属簇化合物的振动光谱和力场，找到了力常数与化学键长等方面的定量规律，并在国内首次应用光谱数据计算分子的热力学函数。先后在《光谱学与光谱分析》《分子科学与化学研究》《化学通报》等杂志上发表了多篇论文。1989 年，胡皆汉等人合作的项目"振动光谱的基础研究——振动光谱的计算机程序及计算"获得中国科学院自然科学奖三等奖。

图 8-7 《分子振动——红外和拉曼振动光谱理论》中文译本封面

核磁共振学领域的一些基础性工作

在进行核磁共振服务性工作与对新分子化学结构鉴定及其核磁共振谱研究的同时，基于对基础性、理论性研究工作的兴趣，胡皆汉在他领导的研究组开展了核磁共振波谱学研究。

胡皆汉想开展核磁共振理论与计算方面的一些工作，力图在核磁共振研究方面能从理论到实践都有一个比较完整的做法。在他调回大连化学物理研究所的第二年便让他的硕士研究生关恒顺从事了这方面的工作。当时，大连化学物理研究所没有一台计算机，大连造船厂购买了一台，关恒顺只得到大连造船厂去编计算程序和进行有关计算，获得了一些初步结果。后来由于他到美国攻读博士学位，没能留下来继续从事核磁共振计算方面的工作，致使胡皆汉在这方面的工作没能大力开展起来。

在 20 世纪 80 年代初，固态核磁共振方面的研究在国外开展不久，国内只有中国科学院武汉物理研究所购买了一台可以做固态样品的核磁共振仪。胡皆汉让他的硕士研究生姚世杰到武汉物理研究所去做分子筛的固态

图 8-8 《核磁共振波谱学》封面

核磁共振研究，并在《波谱学杂志》上发表了 2 篇论文，在《催化学报》上发表了 1 篇论文，在《科学通报》上发表了 1 篇论文。

积算符理论是 20 世纪 70 年代发展起来的新理论，是为解决傅氏变换技术引入核磁共振作图后发展起来的各种近代脉冲技术，对多维谱等起着十分重要的作用，但该理论过去只能解决到弱耦合体系，胡皆汉带领的博士生缪希茹等人首次把积算符理论拓展到强耦合体系，在理论上有比较大的突破，从而使该理论可以应用于核磁共振的所有耦合体系。这一成果发表于 1993 年《中国科学》A 辑第 23 卷第 4 期上。

20 世纪 80 年代，有关核磁共振波谱学方面的中文专著还很少，而国外核磁共振方面的专著，要么是理论性很强，要么是实用性极强，很少有把理论与实践结合起来的书。胡皆汉在学习了一些核磁波谱学的经典著作

图 8-9 1985 年胡皆汉与暨南大学学员们的合影（第一排左三为暨南大学化学系主任欧阳政，左四为胡皆汉）

后，结合自己的一些实践经验，编写了一套讲义，给大连化学物理研究所研究生班讲授，并于1985年被暨南大学邀请去给该校研究生班与广州有关高校和研究所从事核磁共振方面的研究人员或老师讲授。之后，胡皆汉认为有出版一本既有理论又能实用的核磁共振波谱学的必要，于是他便在讲义的基础上，编著了一本《核磁共振波谱学》，于1988年由烃加工出版社正式出版发行，这是胡皆汉在国内核磁共振波谱学早年传播上所作的贡献，也算是他们研究组所做的工作之一。

催化剂红外吸附态的研究

程国宝[①]是与胡皆汉共事几十年的同事，他曾这样评价胡皆汉：

> 他（胡皆汉）的学术水平很高、专业基础有很深的造诣，在光波谱图解析方面达到了非常高的境界。他脑子灵活，悟性极强，他刚到结构化学组没几年就深入钻研，精通各类谱学。
>
> 在核磁、红外等方面都有过专著，是光波谱学领域的多面手。以前在国内开专业学术会议的时候，吉林大学的裘祖文[②]教授曾戏称："我们这些人都是单项专家，而胡皆汉是位全能冠军。他能综合运用各类谱学来解决科研中遇到的化学结构问题，很得心应手。"[③]

[①] 程国宝（1939— ），中国科学院大连化学物理研究所研究员。1962年毕业于吉林大学化学系，同年考入中国科学院大连化学物理研究所攻读研究生，毕业后留所工作。1984年，赴日本东京大学和理化研究所进修两年。1999年年底退休。

[②] 裘祖文（1929—2015），出生于上海，1947年考入浙江大学化工系，1951年毕业，1952年到中国科学院长春应用化学研究所工作。1966年转到吉林大学化学系任教，之后调入吉林大学理论化学研究所工作。1983年晋升教授，1986年被国务院学位委员会评为博士生导师。曾任吉林大学理论化学研究所结构化学研究室副主任、吉林大学测试中心主任、中国科学院武汉物理研究所兼职研究员、浙江大学测试中心兼职教授、《波谱学杂志》副主编、中国分析测试协会常务理事等职。

[③] 程国宝访谈，2016年8月1日，大连。资料存于采集工程数据库。

胡皆汉在光谱组期间，主要工作是振动波谱和光谱理论方面的研究，但是他不满足这些日常工作，非常注意从中深入挖掘，找出更有实际意义的工作课题。他眼光敏锐，能从所接触的任务工作中提炼出新的课题，进而将研究渗透到其他学科。

大连化学物理研究所是全国研究催化剂的重点单位，现在的国家催化开放实验室就设在大连化学物理研究所。胡皆汉在20世纪60年代中期也曾做过短时间的催化剂红外吸附态的研究工作。在他调回大连化学物理研究所的前夕，催化研究室的辛勤就曾找胡皆汉帮助解决他们在催化剂红外吸附态研究中遇到的问题，并且在《催化学报》上发表了两篇论文。胡皆汉调回大连化学物理研究所后，在他领导的研究组建立了研究吸附态必须有的真空系统与红外吸收池等设备。催化剂样品的制备、真空系统的操作与吸附态红外光谱的画谱工作主要由宋永哲负责，他每年带领从大连工学院、辽宁大学等高校来的大学毕业生做有关催化剂红外吸附态的实验操作。催化剂吸附态研究中的主要方面由胡皆汉负责，由他定课题、做吸附态红外光谱的解释等。此外，胡皆汉等人还与外组研究催化剂的洪祖培、郭文硅、梁娟等人合作，先后研究了多种催化剂吸附体系，获得了一些规律性结果，截至1986年，他们先后在《催化学报》《光谱学与光谱分析》《燃料化学学报》《天然化工》等期刊上发表有关催化吸附态红外光谱研究的论文共12篇。

最值得一提的是，在催化剂吸附态的研究中，胡皆汉等第一次用红外光谱法证实氢还原催化体系有反溢流氢存在。

1982年，第二催化研究室的洪祖培希望和胡皆汉研究组合作，并把他们研究组的铂二氧化钛（$Pt-TiO_2$）催化剂体系拿到胡皆汉研究组来做此催化剂体系的吸附态红外光谱研究。但在做此体系的吸附态（被吸附物为一氧化碳）的红外光谱时，却观察到一种过去从未观察到的新现象，即吸附态红外光谱（一氧化碳的红外光谱峰）峰的位置会随时间而变化，这是国内外文献上从未报道过的新现象。他们开始时以为是操作不慎引起的结果。胡皆汉让操作者重复做几次还是这样。后来胡皆汉考虑到此催化剂体系是用氢气还原过的，很可能是氢在催化剂中扩散运动所起。氢从催化剂中运动到催化剂的表面，由于氢与吸附物种（即一氧化碳，它吸附于催化剂的表面）的相互作用，而影响了吸附物种光谱峰的位移。怎样用实验来验证胡皆汉的这种猜想呢？如果这种猜想是对的，那么催化剂体系不用氢气还原或用氢气还原但经在真空系统彻底抽掉氢后，再吸附一氧化碳，就不会再有吸附物种一氧化碳光谱峰的位移了。在胡皆汉的指导下，经多次实验均证实胡皆汉的猜想是对的，从而首次用红外光谱法证实了某些用氢还原过的催化剂体系存在重要的氢在催化剂中的反溢流现象。氢的反溢流现象对近代催化基础研究有重要的意义，国外学者在理论上曾预言在某些用氢还原过的催化体系有氢的反溢流现象，然而用实验证实它的存在，却是首次由胡皆汉和他的学生们所证实，因而立即引起国外学者的重视。

1983年，在法国里昂召开了第一届国际溢流物种学术会议。胡皆汉等人将他们在实验中观察到的新现象与论证写了篇文章投于该学术会议。不久便收到回函，正式邀请胡皆汉（文章的第一作者）为该学术会议的共同主席，并将他们的文章排在会议第一天上午作全体大会报告。后来由于某种原因，胡皆汉未能参加这次会议。

图8-10　第一届国际溢流物种学术会议组给胡皆汉发来的邀请函

3年后，这项研究工作获得中国科学院颁发的科学技术进步奖三等奖。2017年，科学出版社出版的《中国催化名家》中，对胡皆汉在催化方面的有关研究给予了充分的肯定。

获奖与晋升

"文化大革命"结束后,许多工作走上了正轨,包括职称的评定。1981年,第二研究室分配到几个职称评定的名额,郭和夫首先想到的就是胡皆汉。胡皆汉自1958年6月调到中国科学院石油研究所,职称为助理研究员,这个技术职称一直保留至1980年。"文化大革命"后,在大连化学物理研究所与他职称一样的人大多数已提升为副研究员。当时的规定,要提升为副研究员或研究员,先要送5篇论文给所外的5位国内学者审阅,并写出是否同意提升的意见送回送审单位。郭和夫将他的论文送出,并提议研究所把他越级直接提升为研究员。

曾经参与胡皆汉职称评定的肖正义说:

> 大连化学物理研究所从来没有越级提升的先例,郭和夫的这一提议出乎我和很多人的意料。据说所外的5位评审学者,有4位同意将胡皆汉直接提升为研究员,只有一位同意将他提升为副研究员。最后决定由所里学术委员会投票通过。据说那天所学术委员会讨论胡皆汉的提升时,有15个学术委员参加。无记名投票时规定:同意提升正研究员的,在票上写个"正"字,同意提升副研究员的,在票上写个"副"字,不同意任何提升的在票上写个"不"字。投票结果是,7票同意直接提升为研究员,7票同意提升为副研究员,一票写同意提升但不写正或副字。这样便是7对7,所领导说报中国科学院沈阳分院决定吧。最后结果是,1981年年初,胡皆汉被提升为副研究员。[①]

取得这种评选结果实属不易。胡皆汉是半路出家改行搞科研工作的,大学只念了两年,而且还不是什么名校。当时研究所许多人都是名牌大学

---

① 肖正义访谈,2016年8月2日,大连。资料存于采集工程数据库。

毕业，有的还是研究生毕业，一出校门就到研究单位从事科研工作，他们连越级提升的资格都没有。

1986年2月20日，根据自报和推荐，经所专业技术职务任职条件评审委员会补审，所内外同行评议，所研究员职务评审委员会通过报请中国科学院评审，聘任胡皆汉为研究员。

我国著名分析化学家、中国科学院院士卢佩章认为：

> 胡皆汉同志先后完成了24种国外助剂的剖析、润滑油降凝剂中有效成分和水泥增强添加剂的剖析，同时又能及时开展计算机在波谱中的应用，在基础研究方面也取得了很大成绩，遂同意推荐他提升为研究员。[1]

我国著名物理化学家、激光化学家、中国科学院院士张存浩认为：

> 胡皆汉同志的科研和教学活动由他本人作了详尽的归纳。他在分子振动光谱和核磁共振谱的100多项科研成果中，一部分论文是有创造性的，一部分是系统的基础研究，不仅填补了国内空白，还有实用价值和较直接的经济效益。他编写和译著的讲义和书籍也都是有利于培养干部的。胡皆汉同志的工作成果说明，他熟练地掌握了有关波谱、光谱专业学术内容并作出了重要贡献。我愿推荐胡皆汉同志任研究员。[2]

我国著名物理化学家、放射化学家、中国科学院院士吴征铠认为：

> 胡皆汉同志自1965年起先后著有论文、报告和译著等100余篇，有若干篇在国际国内会议上宣读，若干篇发表在国内外学术性杂志上。这些事实已说明他的学术成就。尤其是其中有几项是有首创性

---

[1] 中国科学院大连化学物理研究所人事处档案。
[2] 同[1]。

的，具有重要理论意义和实际意义。我认为胡皆汉同志已具备了研究员的水平，能胜任学术带头人的职务，建议中国科学院加以聘任。①

我国著名发射光谱专家吴钦义认为：

> 胡皆汉同志担任副研究员以来工作成绩是突出的，他的工作面之广几乎遍及结构化学、有机结构分析的所有手段，如色谱、质谱、核磁共振、顺磁共振、红外、紫外等，并且在这些学科领域中都作出成绩。大家都知道结构化学的各种手段和方法直接隶属于它们固有学科的，都有它们不同的物理基础。科技人员要全面深入地掌握它是件不容易的事。这正好说明胡皆汉同志掌握学科知识之快，使他自己能在短短的数年中获得如此宽广的知识面，并且基础坚实。在送审的材料关于磁共振方面的研究论文，如 ABC 三核强耦合体系的谱线解释和归属方法的讨论、多种体系分子的波谱解释和结构识辨、多核的磁共振方法的实验，以及一些波谱参数分子轨函的半经验计算，都具有一定的创造性和参考价值。另外，红外与拉曼光谱中简正坐标的计算程序也有实用的参考价值。我认为胡皆汉同志已达到研究员的工作能力。②

大连化学物理研究所职务评审委员会经过反复研究和磋商，最终对胡皆汉的科研工作和学术水平评价如下：

图 8-11 胡皆汉晋升研究员的呈报表

---

① 中国科学院大连化学物理研究所人事处档案。
② 同①。

胡皆汉同志专业基础扎实，知识面较广，工作富有创造性。长期从事分子光波谱及结构化学方面的研究工作，成绩突出。1981年提升副研究员以来，在分子振动光谱和核磁共振谱以及结构化学方面的近百项科研成果中，一部分有创造性，一部分是系统的基础研究，一部分填补了国内的空白，一部分有实用价值和较直接的经济效益。对波谱及光谱专业的若干学术方面做出了较重要的贡献。

该同志已具备研究员的任职条件，同意聘任为研究员。①

1986年6月2日，中国科学院评审委员会同意聘任胡皆汉为研究员。同年，胡皆汉被国务院学术委员会批准为博士生导师。

解决石油七厂生产降凝剂质量问题

胡皆汉特别喜爱自立课题的研究，也愿意和别人或外单位进行合作研究，特别是当别人或外单位主动要和他合作时，他更加欢迎。1983年，大连石油七厂研究所的刘仕兰来找他，希望胡皆汉帮助他们研究工厂生产的烷基萘降凝剂时好时坏的问题。该厂研究所有研究人员近百人，有一定的研究力量，当时该研究所也有红外光谱仪、紫外光谱仪、凝胶渗透色谱装置与分子量测定仪等仪器，在合作研究中都可以由胡皆汉研究组指导使用。鉴于烷基萘降凝剂是一种聚合物，聚合物的特点是聚合物的分子量会随聚合条件而改变，并且分子量不是一种单一的分子量，而是在一定范围内分子量的分布。因为该研究所已有研究此课题的仪器设备和研究人员，两个单位的合作，主要是在研究方案的设计、光谱图的解释与聚合物化学结构的鉴定等方面，而不需要胡皆汉研究组做具体的实验操作，因此这项

---

① 中国科学院大连化物学物理研究所人事处档案。

工作只有胡皆汉和纪涛两人参与。

经过认真研究，他们终于确定了烷基萘降凝剂主成分的化学结构，发现原来文献上报道的化学结构是错误的，并且找出了烷基萘降凝剂有效成分的分子量范围。在重新确定其正确的化学结构与有效的分子量范围的基础上，重新制定了检测方法。同时，他们发现降凝剂的生产时间可以缩减至原来的一半，在原有设备上便可大大地增加产量，获得较大的经济效益，该产品年产值270万元人民币。据纪涛回忆：

> 这个降凝剂，清华大学在1956年就做出来了，但产品生产质量忽高忽低，很不稳定。中间做了很多测试，都没有找到问题的症结。我们接到这个任务时，首先对产品进行光谱、波谱测试工作，还根据生产流程，对每个不同阶段进行测试。我们用的手段跟国外的也差不多，但结论却与国外的不一样。我们找到国外的文献，发现他们把红外光谱的谱图解析错了，后来连续发表的好几篇文章也都是错的。用我们的测试结论去检测生产过程发现：根本用不着那么长时间，很快反应就进行完了，而且生产时间至少减少一半，产品质量也稳定了。于是，我们把结构定了下来，纠正了国外的错误，指导了大连石油七厂的生产。
>
> 胡皆汉对这项工作花费了很多心血，从指导实验步骤，从哪一步开始做色谱，哪一步开始做红外，哪一步开始做核磁，要把这些谱图都拿来让我们再看看，下一步应该做什么，都是胡皆汉策划完成的。他的指导思想第一个是把这个题目的实验步骤搞清楚，第二个就是把要做的谱图搞清楚，第三个是谱图解析搞清楚。[①]

胡皆汉等人把这些实用性的研究成果写了5篇文章，发表于1984年出版的《大连化工》第4期和1986年出版的《精细化工》第1期和第4期上。

由于此项实用性的研究获得了较大的经济效益，1986年，"烷基萘

---

① 纪涛访谈，2016年8月1日，大连。资料存于采集工程数据库。

降凝剂有效组分化学结构与检测方法"项目获得中国科学院颁发的科学技术进步奖三等奖。同年，此项研究又获得了辽宁省科学技术进步奖三等奖。

柞蚕丝生色机理与柞蚕丝结构的研究

传说4000多年前黄帝的元妃嫘祖种桑养蚕之后，丝绸一直是我国历朝历代贵重的衣料，后来传到国外，商旅往还，丝绸之路闻名中外，但对蚕丝分子结构的研究多由国外进行，我国过去很少有人对它进行研究。我国江、浙盛产桑蚕，桑丝雪白；我国东北则多产柞蚕，柞丝黄色。20世纪80年代中期，丹东丝绸研究所通过研究所党委书记王坪找到郭和夫，希望胡皆汉研究组帮助他们研究柞蚕丝为什么会变黄色的生色机理。自从为大连药物研究所鉴定了一个生物新分子后，胡皆汉更有兴趣做生物分子结构的研究，因此他非常愿意承担此项合作研究。纪涛、程国宝和宋永哲等人都参加了此项研究，胡皆汉还指定了他的硕士研究生王晶做柞蚕丝的水解分析。另外，丹东丝绸研究所也派了两个研究人员来参加。经过大家的努力，胡皆汉等人终于弄清楚了柞蚕丝之所以为黄色是由于柞蚕丝里含有一种极微量的龙胆酸与丝蛋白发生交联而生成的，而桑蚕丝不含这种龙胆酸所以是雪白的。

由于龙胆酸在柞蚕丝里含量极微，所以检测方法必须十分灵敏。龙胆酸在氧化过程中会产生不配对电子，因而可以运用灵敏的顺磁共振法来检测鉴定。此项研究由程国宝和宋永哲进行，他们研究了两三个月都未能获得柞蚕丝中龙胆酸在氧化过程中的顺磁共振信号。原来龙胆酸在氧化过程中生成的不配对电子的寿命是很短暂的，如果仪器画谱时间与不配对电子寿命不匹配，正好在它存在的时间内画谱，就永远得不到顺磁共振信号，所以操作条件十分严格。他们二人不怕失败，坚持研究，总结经验，摸索操作条件，终于测出了顺磁共振信号，证实柞蚕丝确实含有龙胆酸。

在弄清柞蚕丝黄色生色机理的同时，胡皆汉还对柞蚕丝的丝蛋白进行了分析。柞蚕丝是由氨基酸构成的蛋白质，可经水解得到氨基酸。按国内外文献已有的知识，柞蚕丝只分为丝胶、丝素两层。丝胶、丝素氨基酸组成虽然不同，但它们每层的氨基酸组成却是均匀相同的。在研究中，王晶将柞蚕丝逐步（共11步）进行了水解，使其水解为氨基酸，再用红外光谱对各步水解产物进行鉴定，结果得到的红外光谱图并不一样，看起来杂乱无章。再做一遍还是这样，于是他把所做的红外光谱图拿来给导师胡皆汉。经过认真分析，胡皆汉觉得可以把整个11步水解产物红外光谱图依次分为4类，这样解释得到的红外光谱图就不再是杂乱无章而是很有规律了。后来的实验与用另一种紫外光谱法等做的结果都证明这种新的分层结构是对的，由此还说明了柞蚕丝的一些如容易起毛等过去难于理解的宏观性质。这是一种新的发现，打破了过去对柞蚕丝只分两层的看法。

胡皆汉在研究柞蚕丝与桑蚕丝的红外光谱图时，还发现了一个有趣的事实。从各地采来的柞蚕丝所画的红外光谱图有一条相同的光谱峰是所有桑蚕丝红外光谱图所没有的，这一谱峰可以作为区分柞蚕丝和桑蚕丝的依据。这在考古上可能特别有用，比如长沙马王堆发掘出的丝绸，要判定它是柞蚕丝或桑蚕丝所织成，只要对它画一张红外光谱图便可迎刃而解。

图8-12 "柞蚕茧丝特性基础研究"项目获中国科学院自然科学奖三等奖

胡皆汉等人将柞蚕丝黄色生色机理和柞蚕丝丝蛋白多层分层的新发现等研究结果写成多篇论文，发表于《中国科学》《光谱学与光谱分析》等期刊上。同时，"柞蚕丝特性基础研究"项目也获得了1992年中国科学院颁发的自然科学奖三等奖。

一种中草药抗炎新分子化学结构的确定

1982年，胡皆汉与郭和夫一起到大连市药物研究所商谈合作项目。该所所长郭永泗说他们几年前从一种中草药中分离提纯出一种很纯而且抗炎性能好的化合物，并作了该化合物的色谱、质谱、红外光谱和核磁共振谱图。他们曾把这些谱图向北京有关研究所的谱学研究人员进行过咨询，以便确定该化合物的化学结构，但仍未解决，希望胡皆汉能给予帮助。

胡皆汉把谱图拿回来思索了好几天，并按考虑的问题在核磁共振仪上补做了一些核磁共振谱图。在分子结构鉴定中，合成化合物的分子结构已知的结构信息相当多，比较容易确定出来。天然化合物则不同，结构信息很少，是哪类化合物，含哪几种元素，多大分子量，什么分子式，都不知道。文献上也从未报道过，没有任何谱图和数据可以参考，确定其化学结构非常困难。

胡皆汉把大连药物研究所提供的红外光谱图与核磁共振谱图反复对照思考。一天，胡皆汉突然从该化合物的红外光谱图中分析出该化合物一定含有一个酯基，这是一般懂得红外光谱的人都很容易看出的，但是胡皆汉更进一步指出它是个内酯，这就大大缩小了可能结构的范围，经过更进一步的分析，胡皆汉得知它是个5元环的内酯，这更进一步缩小了可能的结构范围；有了这个结构支撑点后，以后的分析就容易多了。大约用了15天时间，胡皆汉终于推出了该生物化合物的化学结构，并确定是一种新的天然化合物。后来该所把样品送到日本做X光衍射，也证实胡皆汉确定的化学结构是正确的。胡皆汉将此科研成果写成论文，发表在《科学通报》上。

这是胡皆汉为生物分子结构所做的第一次工作。此后，他对生物分子结构研究产生了极大兴趣，他开始阅读有关生物化学、分子生物学和药物化学等有关方面的书籍和文献，逐渐地认识到生命科学的重要性。在胡皆汉看来，生物分子学科是当今科学研究的重要前沿之一。他结合已拥有的仪器与确定分子结构所需要的各种谱学知识认识到：中药是人类的宝贵财富，如果能把各种中草药的化学组成加以分离提纯，进行组分分子结构鉴定，并与药效进行关联，由几代人进行系统、深入的研究，会非常有价值。

胡皆汉把这种想法告诉了郭和夫教授，他对这种见解极为赞赏。大连化学物理研究所是全国研究催化的重点单位，虽然过去研究的催化是多相催化与匀相催化，是面向工业生产的，与生物研究无关，但是生命科学既是当今科学研究的重要前沿，研究生物催化也许更为重要，而且也是多相催化与匀相催化研究上的一次拓展，在大连化学物理研究所开展有关生物催化方面的研究也应该是顺理成章之事。所以胡皆汉建议大连化学物理研究所一部分研究人员转到有关生命科学研究的领域来，当时他曾联名郭和夫教授写了一份建议书给研究所，但未被采纳。直到20世纪90年代后期，大连化学物理研究所才逐渐开展有关生物化学方面的研究，现今已成为该所的重要研究领域之一。

从1982年起，在后来的30多年中，所内外研究生与某些研究人员在分子结构问题方面来向胡皆汉咨询与探讨最多的，还是生物新分子的化学结构问题。

抗癌新药的研究

在"七五"计划期间，以郭永沺、胡皆汉和大连医学院钱振超教授三人为课题组长，申请到了国家"七五"科技攻关的"β-榄香烯"攻关课题。另外，以胡皆汉为申请人，还申请到了"新铂类化合物研究"的国家"七五"科技攻关项目。

癌症是一种恶性疾病，是人类生命的大敌，抗癌药物的研究一直是药物研究的重点与热点之一。上述申请到的两项"七五"科技攻关课题便属于新抗癌药物的研究。为此，胡皆汉带领很多硕士研究生和博士研究生来从事这两个攻关课题的研究。

"β-榄香烯"是大连药物研究所（郭永沺负责）、大连化学物理研究所（胡皆汉负责）、大连医学院（钱振超负责）三个单位联合攻关的课题。β-榄香烯是从中草药莪术中提取而得，是一种只含碳、氢两种元素而又有抗癌活性的化合物，当时文献上还从未见报道，是一种新型的抗癌药物。胡皆汉是个特别喜爱创新的人，因此他对此项研究特别感兴趣。"七五"科技攻关期间，三个单位的分工是，大连药物研究所与大连医学院负责β-榄香烯对各种癌谱的体外、体内抗癌活性试验，尽可能完成临床前需做的各项试验；大连化学物理研究所则负责β-榄香烯的结构分析，探索人工合成β-榄香烯的途径。胡皆汉等人做了β-榄香烯结构分析的全面研究，做了它的质谱、红外光谱与各种核磁共振谱图，并对各种谱图做了详细的谱峰归属与解释，同时应用分子力学计算了它的立体结构。

对胡皆汉来说，他最感兴趣的不是攻关项目规定的结构分析与合成任务，而是研究药物的化学结构与抗癌活性间的关系。因此，除完成"七五"科技攻关任务外，胡皆汉又安排他的硕士研究生来从事这方面的探索研究。他把β-榄香烯进行了化学结构上的改造，如打开分子中的1个或2个双键，或在分子中的不同部位引入羟基等，然后把改造后的衍生

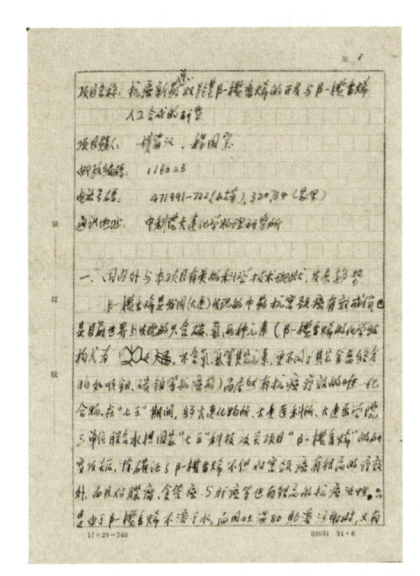

图8-13 胡皆汉申请"七五"科技攻关项目的手稿

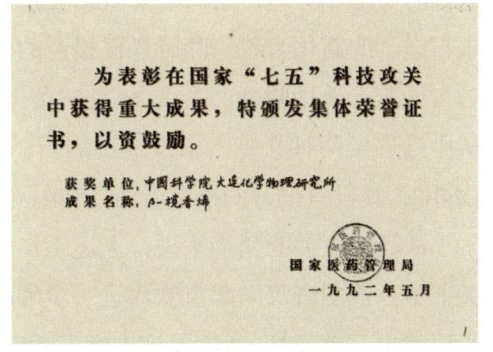

图8-14 "七五"科技攻关项目获奖证书

物进行初步抗癌活性试验。研究结果显示，打开双键会降低抗癌活性；在环上引入羟基也会降低抗癌活性，但在双键上的甲基引入羟基，它的抗癌活性比 β-榄香烯本身要高不少，而且水溶性也要比 β-榄香烯好（β-榄香烯难溶于水），便于注射。他们初步得到的结构与抗癌活性间的关系是：必须保持 β-榄香烯的 3 个双键，分子中环的构型不能改变，为了探究更高的抗癌活性可以在双键的甲基上引入其他化学基团。这个结论初步指明了此类抗癌药物的结构研究方向，胡皆汉认为这是这个课题中另一个比较有科学意义的收获。

1992 年，这项研究在获得了国家医药管理局颁发的重大科技成果奖和国家颁发的"七五"科技攻关证书。在攻关基础上，大连药物研究所随后又做了若干年的临床试验，制成了乳剂，20 世纪 90 年代中期被国家正式批准为二类抗癌新药。

《新铂类化合物研究》是中国科学院大连化学物理研究所与大连医学院合作承担的国家"七五"科技攻关专题，负责人是胡皆汉。铂类化合物抗癌药物的研究起始于 1969 年 Rosenberg 发现的顺铂。现在顺铂已广泛用于治疗多种癌症，但它有很多局限性，主要是肾毒性大，因此，合成抗癌活性高、毒性低的顺铂类似物，在"七五"科技攻关时便成为一个热门课题。胡皆汉等人申请到的《新铂类化合物研究》就是在这种背景下获得的。

他们获得这个实用性很强的攻关专题后，胡皆汉便立即指定他的硕士研究生杨志勇专门做新铂类化合物的合成工作，并请杨振云给予指导。在攻关的 5 年时间内，他们合成铂类化合物共 26 种，其中有 5 种为文献上从未报道过的新化合物。除国外已投产的碳铂与异丙胺铂不需进行抗癌活性与毒性等筛选试验外，其余 24 种铂类化合物均进行了初步抗癌活性试验，从中筛选出两种文献上未报道过的新铂类化合物，分别取名为 NMDA 与 DNIC，均具有很好的抗癌活性，其中尤以 NMDA 更好。

从科技攻关的角度来说，上述工作已很好地完成了国家规定的科技攻关任务，但胡皆汉向来喜欢作进一步的研究，所以对此项专题，他又让博士研究生丁道远对 NMDA 等进行了微观抗癌机理的研究。

为了从分子水平了解抗癌机制，他们首先对 NMDA 等对 DNA 结构单元的相互作用进行了研究。研究结果揭示，NMDA 与鸟苷、腺苷、胸苷和胞苷的键合作用，无论是在键合的难易程度、键合方式，还是键合速度等动力学上都与已投产的第二代碳铂相同或相近。因为碳铂在临床上已证实是一种好的抗癌药物，基于两者微观作用与动力学数据上的相似性，也可预示 NMDA 有很好的临床应用前景。

在完成与核苷的键合作用研究工作之后，他们又进行了 NMDA 与 DNA 本身的相互作用研究。研究结果同样揭示，NMDA 与 DNA 的作用，无论在键合的难易程度、键间、键内键合方式，和键合后 DNA 构象的改变都与碳铂相同或相近，进一步揭示了 NMDA 会有好的临床应用前景。

文献上报道，有关药物毒性机理的研究表明，毒性的存在涉及药物与酶和蛋白质中巯基的配位交换反应。蛋氨酸含有巯基，可作为一个模型化合物来研究铂类抗癌药物的微观毒性机理。因此，他们进行了 NMDA 等与 L-蛋氨酸的相互作用研究。研究结果显示，它们与蛋氨酸反应的速率是，顺铂大于碳铂，碳铂又大于 NMDA。这一结果，可以作为 NMDA 毒性低的一个原因。

此外，他们还应用二维核磁共振谱详细研究了 NMDA 与鸟苷反应产物的构象。博士研究生倪坚毅应用分子力学方法，计算了 NMDA 等的立体空间结构。这些都为进一步深入研究 NMDA 的抗癌机制提供了必要的基础数据。

微观抗癌机理的研究，在国内当时还很少有人像他们这样进行。他们之所以这样进行，是因为结构化学研究组比较熟悉各种近代物理方法，这对抗癌药物的研究是一个良好的开端。

抗癌药物的后续研究

胡皆汉 60 岁后的一个重点研究课题，便是继续研究抗癌药物 β-榄香烯项目。这个课题的研究方向是，以 β-榄香烯为先导物，寻找水溶性好（β-榄香烯难溶于水）、抗癌活性更强的新的抗癌药物。为了使研究能够较系统、较深入地进行，胡皆汉等人有计划地在 β-榄香烯上引进各种各样的化学基团，合成了多种文献上未报道过的新的化合物，并对它们进行了初步抗癌活性试验，经筛选后，对抗癌活性好的新化合物再进行小鼠体内抗癌疗效试验，并比较化合物化学结构与抗癌活性间的关系，以期找到抗癌活性更好的新的抗癌药物。

前面已经说过，在"七五"科技攻关期间对 β-榄香烯的结构与抗癌活性间关系的初步研究已经表明，只有保持分子中的 3 个双键与环己烷构型才会有较高的抗癌活性。所以他们在合成 β-榄香烯新的衍生物时，首先保持 3 个双键与环己烷构型不被破坏，然后才在分子中引入各种化学基团。因此，需要他们想出一种适合此种要求的化学反应途径。几经探究，胡皆汉等人找到了这种反应途径，就是在接于双键的甲基进行氯化，首先得到一些氯化衍生物，而这些氯化衍生物分子本身就是文献上未报道过的新化合物，他们对这些新化合物逐一进行了抗癌活性试验，并对它们的核磁共振谱、红外光谱与质谱等进行了有关谱学方面的研究，对个别典型分子还做了分子力学方面的计算，尽可能多地获得有关分子结构方面的信息。后来还探索了各种反应条件，找到最佳反应过程，提高了所需氯化衍生物的产率。

在氯化衍生物的基础上，他们进一步引进各种各样的化学基团。在程国宝研究员的指导和参与下，进行了系统的研究。

第一类引进的化学基团是羟基，以便解决 β-榄香烯本身难溶于水的问题，以这类化学基团合成而获得了新衍生物 10 多种，并对它们进行了抗癌活性试验和各种谱学研究。经初步抗癌活性试验，他们找到其中的一些衍生物比 β-榄香烯要高。为此，他们申请到了有关此项研究的一个国家专利。

第二类引进的化学基因是氨基。他们以这些化学基团又合成了数十种新的衍生物，同样做了抗癌活性试验和各种谱学研究。这类衍生物的水溶性极好，便于注射，而其中的某些衍生物抗癌活性更强。为此，他们再次申请到此项研究的一个国家专利。

第三类引进的化学基团是醚类，第四类引进的化学基团是酯类或酸类，第五类引进的化学基团是混合类。他们合成了大量的新化合物，进行了初步抗癌活性筛选，并进行了全面的谱学研究，为后人的进一步研究提供了参考。

胡皆汉考虑到顺铂是一类无机抗癌药物，而β-榄香烯是有机抗癌药物，且β-榄香烯含有3个双键，双键是可以与金属离子形成配合物的。所以，他们想研制一类既具有有机、又具有无机的双功能抗癌药物。β-榄香烯与β-榄香烯衍生物和顺铂等反应后生成的配合物可能具有这种双功能的抗癌活性。经过初步试验，他们获得了成功。为此，他们又申请了一项国家专利。

人发自由基与人生长年龄和重大疾病间关系的探索

胡皆汉在1987年出版的《科学通报》上看到一篇论文，该论文的作者应用顺磁共振饱和功率方法来研究人发自由基与肿瘤间的关系，提出肿瘤患者的头发与正常人的头发自由基饱和功率不同，因而可以作为诊断肿瘤的一种方法。作为人体的一部分，人发的研究早就引起人们的注意，并对人发中的蛋白质、微量元素、色素、人发结构等做了多方面的研究，但对人发自由基的研究刚刚开始，这篇人发自由基饱和功率与肿瘤间关系的报道，胡皆汉是人发自由基研究的一个新的开始，是个值得研究的项目，加上他们组也有一台顺磁共振仪，有了研究自由基的仪器，胡皆汉决定开展这方面的研究。

胡皆汉首先让他的研究生胥维昌验证报道上做过的实验，然后又让他对人发自由基浓度与癌症的关系进行研究。胥维昌对上百位癌症患者与健康人的人发自由基浓度研究后发现，癌症患者与健康人的人发自由基浓度高低没有显著区别，说明作此种关联没有意义，他请求胡皆汉放弃此项研究。胡皆汉把胥维昌做过的所有数据都看了一遍，当看到被检测者的年龄时他眼前一亮，考虑到年龄与人发自由基浓度大小的关系，胡皆汉先比较了相同年龄段癌症患者与健康人的人发自由基浓度，发现在相同年龄段癌症患者的人发自由基浓度与健康人有很大的区别。胡皆汉决定改变胥维昌的研究方向，让他研究健康人各个年龄段（从出生到老年）人发自由基浓度与正常生长年龄间的关系。

胥维昌按照导师的指导，观测了不同年龄段、数千人的人发自由基浓度。

根据观测数据，他们发现，人初生时的人发自由基浓度比较高，以后随着年龄的增加而逐渐降低，到 4 岁时达到最小值，以后又逐年增大，到 60 岁时增至最大。当然，他们得到的只是统计上的关系曲线，而不是追踪每个人从小到老得出的结果（这样的追踪观测也是不可能做到的）。他们虽然不能跟踪对每个人逐年人发自由基浓度的测定，但可以对生命较短的有毛动物作一定的跟踪测量。为此他们选定了一组老鼠，每隔 5 天逐个对每只老鼠的毛发进行自由基浓度测量，共测了 260 天。他们发现，每只老鼠毛发自由基浓度的变化，都是初生时浓度较高，以后逐渐降低，达到最小值后又逐渐升高，与人发自由基浓度随年龄变化的统计规律相似。他们将研究结果写成论文，发表在 1991 年第 21 期的《科学通报》上。

第一次跨出国门参加国际学术会议和讲学

纪涛在谈到他们这个团队时曾这样评价胡皆汉：

> 领导好这样一个团队是件很困难的事情。胡皆汉靠的是个人的业务水平和处事公道，处处将科研工作放在首位。他在组里有着很高的威信，他说话大家都很服气。①

---

① 纪涛访谈，2016 年 8 月 1 日，大连。资料存于采集工程数据库。

胡皆汉自从担任结构化学组的带头人后，一直坚持原则，办事公道，处处将团队成员的利益放在第一位。他在组里每次得到的奖金都和大家一样，拿到的是平均数。和大家出差坐火车时，他和大家一起坐硬座（那时他有资格坐软卧）。大家都希望出国进修和深造，他也非常赞同将年轻的同志优先选派出去，组里的年轻研究骨干都分别到过美国、英国、日本、瑞士等深造，而他却没有这种机会。

1988 年，在美国俄亥俄州举行第 43 届国际分子光谱学术会议，会议录取了胡皆汉的一篇论文，并邀请他担任一个分会场的即席主席。同时，美国温德堡大学也邀请他前去讲学。1988 年 4 月 11 日，大连化学物理研究所党委在审查意见中这样写道：

> 胡皆汉同志工作勤奋，基础理论扎实，发表过多篇论文，为加强国际学术交流，同意赴美国参加学术会议。[①]

这一次，研究所终于批准了胡皆汉出国参加国际学术交流。那年他刚好 60 岁，终于第一次跨出了国门。

这次学术会议云集分子光谱界的专家和学者，如诺贝尔化学奖获得者李远哲，分子光谱理论泰斗、哈佛大学的 E. B. 威尔逊夫妇及他的儿子、诺贝尔奖获得者 K. L. 威尔逊。

E. B. 威尔逊是《分子振动——红外和拉曼振动光谱理论》光谱学经典名著的首位作者。胡皆汉将他翻成中文的《分子振动——红外和拉曼振动光谱理论》一书

图 8-15　1988 年胡皆汉在美国参加第 43 届国际分子光谱学术会议时留念（胡皆汉提供）

[①] 任免、调动、工资级别、出国留学等材料。存于中国科学院大连化物学物理研究所人事处档案室。

当面赠送给 E. B. 威尔逊，他甚为高兴，与胡皆汉亲热握手交谈，回国后胡皆汉还收到了他寄来的感谢信。

会后，胡皆汉与儿子和学生团聚，还参观了普林斯顿大学、斯坦福大学、温德堡大学、阿克隆大学、匹兹堡大学等美国著名的大学。

在普林斯顿大学，胡皆汉幸遇一位中国科学院某研究所的研究人员，他正在普林斯顿大学做访问学者。当他得知胡皆汉是搞光谱研究的，便带领他去参观了一个研究拉曼光谱的实验室。胡皆汉来到那个实验室看到近10台的拉曼光谱仪，胡皆汉意识到，这是个一流的实验室。参观完几所大学后给胡皆汉留下深刻印象的是，他们的仪器先进，种类也多。当时大连化学物理研究所只有一台核磁共振仪，真是相差得太大了。对这一点他当时感触特别深。另一个令胡皆汉感触最深的，是各大学的化学系都有不少力量从事生命科学领域研究，而这一点正与他想把部分力量转到有关生命科学研究的想法相吻合。

第九章
花甲岁月后的研究

艰难的日子又开始了

1988年年初，在胡皆汉满60岁之前，一位领导找他谈话，按照研究所规定，年满60岁的人不能再担任任何领导职位。因此，胡皆汉不再担任结构化学研究组组长了。一般的科研人员到60岁是要退休的，但因胡皆汉是国务院学位委员会批准的博士生导师，按研究所规定可以继续工作到70岁。新组长在接任的第二天便召开全组会议，宣布改变胡皆汉原来要做的研究方向。这使得胡皆汉感到非常意外。他立即表态：

我带的硕士、博士研究生今后仍由我指导。还有，我负责的两个"七五"科技攻关课题和我承担的其他基金项目仍应由我负责，别人不能插手。这位新组长原来没有担任任何基金课题，这次在没有与我商量的情况下便把由我承担的"新铂类化合物研究""七五"科技攻关课题改由新任组长负责。我立即找到领导，说这是国家批准的科技攻关项目，研究所也无权改变承担项目的负责人，只有批准单位才有这个权力。于是一位负责同志出面开了个小会，那位新组长、纪涛和我参加。我当面提出了批评，指出新组长的错误。结果又把项目负责人的名字改了回来。①

对于这次调整，程国宝说：

这件事情直到今天我也不知道到底为什么，一个好端端的结构化学组被缩编，人员被拆散，自己找地方。我和胡皆汉分别承担着课题项目，想继续做下去，又找不到合适的题目组，只能挂靠到邵昌平处。实际上，当时他的课题经费也比较紧张，我们还有点经费，用今天的话来说，就算是双赢吧。就这样，我与胡皆汉挂靠到邵昌平处，一起承担抗癌药物的研究工作。②

从 60 岁被免掉研究组组长到 70 岁退休，这 10 年的研究环境与胡皆汉担任组长的前 9 年相比大大不同。原来胡皆汉带领的团队研究力量比较完整，逐步建立起来的一支结构化学研究小组，由于种种原因于 1993 年近于解体。接任胡皆汉担任组长的那个研究员没有几年就到了其他研究组；负责红外光谱理论计算与指导红外谱仪操作的王国祯去了《催化学报》编辑部；从事分子力学与分子结构理论计算的倪坚毅去了色谱研究室；对有机合成很有造诣的程国宝 1993 年挂靠到了另一个研究组。几乎所有的研究骨干都离开了，在这种情况下，胡皆汉也离开了这个研究组，与程国宝一起

图 9-1　2016 年 8 月程国宝接受采集小组访谈

---

① 胡皆汉：《自由探索之追求——胡皆汉自述》。长沙：湖南教育出版社，2015 年。
② 程国宝访谈，2016 年 8 月 1 日，大连。资料存于采集工程数据库。

继续合作。没过几年，胡皆汉等人辛辛苦苦建立起来的结构化学研究组彻底结束了。

20世纪90年代初，研究所施行课题管理新办法，研究经费改由课题组自行负责。课题组除购买试剂原料、增添仪器设备等要自己出钱外，还要向研究所缴纳实验室房租、水电等费用。有段时期连组内工作人员的工资也要由组内经费开支。研究经费完全由组里自己去争取，渠道有申请国家自然科学基金，或争取国家科技攻关项目，或从大连市科委及有关企业争取，或给其他单位做科技性服务而获取，研究人员就像八仙过海，各显其能。有一笔研究经费，每年酌量发给所里需要支持的研究组，而这样的经费胡皆汉从来没有得到过。在注重经济效益的背景下，想从事基础研究或应用基础研究，日子肯定是不好过。

1989年到1992年的研究经费，由于胡皆汉有两个"七五"科技攻关项目，并从国家医药管理局获得了一项研究经费，虽然他那时已不是结构化学研究组的组长，但看到组里经费有困难，为了仍能保有这个他曾为之付出了很多心血的研究组，组内所需交付经费大部分仍由胡皆汉获得的经费来支付。

为了争取经费，胡皆汉也做过与自己研究工作无关的服务性剖析工作。1992年，广平化工实业有限公司希望胡皆汉能帮助解决一个难题。该公司的化工厂是生产活性碳酸钙的。活性碳酸钙是橡胶、塑料的一种填料，可以增加橡胶、塑料有关力学性能，大大降低橡胶、塑料有关制成品（如轮胎、鞋底等）的成本。该化工厂生产的活性碳酸钙有一部分输出到东南亚销售，东南亚商人希望能买到像日本生产的某种活性碳酸钙那样的产品。于是该化工厂便请广州有关的研究单位对日本产品进行剖析，看看它含有什么成分，再进行试制、生产。据说广州的有关研究单位做了好几年的剖析都未能把组分确切地弄清楚。

在一次会议上，该公司的经理问与会者，在国内谁有能力解决这种剖析问题，有人告诉他可以问问大连化学物理研究所的胡皆汉。于是这个经理给胡皆汉打电话，请他帮忙解决。胡皆汉把在广州方面做过的所有谱图和日本产品的样品拿来，让王国祯带领两位大学生做这项剖析工作。

原来，这种活性碳酸钙98%的成分是碳酸钙微粒，只有2%是有机活性成分，并且涂于碳酸钙微粒表面上，所以剖析起来并不容易。后来，胡皆汉等人将样品置于水中，再加盐酸处理，先把碳酸钙转化为氯化钙溶解，再把有机活性成分提取、分离，再做各种分离物相应的谱图。经过一段时间的努力，他们终于剖析出有机活性部分的多种组分和各种组分的化学结构与相对含量。如果按照一般的剖析要求，将这些剖析结果寄给广平化工实业有限公司就可以了。但是，胡皆汉对科研的追求是永不满足、不断探索。在他看来，还需进一步证实他们的剖析结果是否真的正确。于是，胡皆汉让广平化工实业有限公司寄来了他们生产的未涂活性组分的纯碳酸钙微粒，再按他们的剖析结果找来相应组分，做成配方涂于纯碳酸钙微粒上，做成一定量的样品。然后，他们又按照活性组分的性质，对某些组分改为有相似性质而化学结构有所不同的其他物质，或相对含量有所改变等，又做了4种配方，制成一定量的样品。连同前者一同寄回广平化工实业有限公司，该公司将新制成的样品和日本产品一并拿到华南理工学院（今华南理工大学）去做掺于橡胶制品后的相关力学试验。结果是，按剖析结果配方制备样品的性能与日本产品基本相同，证实胡皆汉等人的剖析结果是正确的。后来，胡皆汉又建议该公司收集各国所有这类活性碳酸钙样品做一定的剖析，以便知己知彼，掌握国际生产情况。

1993年，胡皆汉和程国宝挂靠到另外一个研究组后，他带的研究生也随着到了那个挂靠组。他们挂靠的那个研究组不管他们的研究工作，只是名义在那个组里，实际上是一个独立的小实体，就称之为"小小组"吧。一切经费由他们自己负责，"小小组"有自己的收支账本。那时胡皆汉在结构化学组余下的研究经费已不多，把它转到挂靠组后，大约只够他们两人与研究生一年的研究开支。

俗话说，"天无绝人之路"。因为胡皆汉过去研究工作的进展与积累，第二年他们向国家自然科学基金委员会申请到一个"β-榄香烯抗癌药物基础研究"的课题，向国家医药管理局申请到"寻找新抗癌药物研究"的课题，向大连市科委争取到"实用抗癌药物开发"的课题。虽然3个课题得到的研究经费都不多，但解了他们燃眉之急，帮他们度过了最困难的关口。

胡皆汉的研究课题需要画各种各样的谱图，1993年他离开结构化学研究组后，便不能再免费使用原来的作图仪器了。如果画谱图就得支付相应的费用，为了节省画谱图方面的开支，胡皆汉与辽宁师范大学实验分析中心合作，担任该分析中心研究顾问兼教授，帮助他们解释各种光谱、波谱图并指导一些研究人员的工作。胡皆汉不收分析中心一文顾问费，相应胡皆汉到分析中心画各种谱图时也不用付任何费用。该校实验分析中心有核磁共振仪、红外光谱仪、紫外光谱仪、荧光光谱仪、气相、液相色谱仪、电子显微镜、元素分析仪与一些生物制样设备，胡皆汉都可以使用。

据辽宁师范大学实验分析中心高级工程师许永廷介绍：

> 我跟胡老师合作，首先是跟着他学，胡老师来我们实验中心对我有很大帮助，怎么做实验，谱图怎么看，怎么解析，全是胡老师教我们的。我们合作发表了很多论文，发表在《波谱学杂志》《科学通报》《光谱学与光谱分析》等期刊上。当时大连石油七厂有一个项目，问胡老师能不能做，胡老师说可以，我记得我们做了很多实验，找出实验的反应有什么规律。①

发现金属酶一种新的相互作用

在胡皆汉看来，他60岁以后，最有科学价值的一项研究是生物金属酶的研究。

20世纪90年代初，胡皆汉准备应用核磁共振法与顺磁共振法来研究水溶液中氨基酸与金属离子的配位络合结构，郭和夫教授指导的一位研究生也在从事氨基酸与金属离子络合的合成研究。有一次，那个研究生把她

---

① 许永廷访谈，2016年11月5日，大连。资料存于采集工程数据库。

合成得到的络合物拿来让胡皆汉的研究生给她做顺磁共振谱图，然后将画好的顺磁共振谱图请胡皆汉给予解释。胡皆汉看到她在一定反应条件下合成的络合物画出的顺磁共振谱图，与他们前些时候不用合成而按相同摩尔比在水溶液中混合配制样品得到的顺磁共振谱图几乎一致。这令胡皆汉十分惊奇，说明混合制剂在顺磁共振的时间尺度下也存在着如用合成方法制得的那种络合结构。从这些实验事实出发，促使胡皆汉想到溶液中的金属离子络合物结构在水溶液中可能不是这么稳定，可以在络合物之间与多余的配体之间进行快速平衡。于是胡皆汉进一步想到生物金属酶的催化活性中心也是一种金属离子配位络合结构，在水溶液中它的金属离子是不是也不像前人认为的那样稳定，而可以和外加配体进行快速交换平衡？是否可以把金属酶中的金属离子诱导出来，从而影响金属酶的催化活性呢？这是前人没有想到过的一种新关联，如果能用实验加以证实，将是一项重要的新发现。有了这种新想法，胡皆汉就很想做这种实验来验证自己的想法是否正确。

过去胡皆汉他们没有研究过生物酶，要想验证他的新想法，必须要有金属酶，有测定外加配体后酶中金属离子被诱导出来的方法，还要有测定酶催化活性变化的设备，这些对他们来说都有一定的难度。

胡皆汉等人选择一种重要的铜锌超氧化物歧化酶（简写为 Cu_2Zn_2SOD）

图 9-2　1993 年胡皆汉（右二）与舒占永、程国宝、苏凡在大连化学物理研究所门口合影（胡皆汉提供）

作为研究对象，它是一种广泛存在于动植物组织内的重要的金属酶，其生理功能是保护生物组织免受超氧阴离子自由基和羟自由基的氧化损伤，据说有防衰老的作用。分子量在 30000~33000Da，其结构特征为八股反平行 β-折叠，含有两个亚基，每个亚基含有由一个二价铜离子和一个二价锌离子及氨基酸构成的催化活性中心。在催化活性中心内，二价铜离子与 4 个组氨酸分子和一个水分子形成五配位体。这些结构特征适合作为验证胡皆汉这种新想法的研究对象，特别适合研究此种金属酶与外加氨基酸的相互作用。

巧的是，此时胡皆汉所挂靠组的邵昌平副研究员正在做有关 Cu_2Zn_2SOD 方面的研究，他们很快便从邵昌平那里要到了少量 Cu_2Zn_2SOD 酶。由于此种金属酶催化活性中心是以组氨酸为配体而形成的五配位体。所以，他们的研究便从外加组氨酸开始进行。他们把此种金属酶置于水中，然后外加入不同量的组氨酸，相互作用后，再检测酶中的二价铜离子是否真的被组氨酸诱导出来。检测方法之一是使用电子顺磁共振方法，因为二价铜离子有不配对电子，因而会出现顺磁共振信号，但这种共振信号会因配位环境的不同而发生改变，所以在酶中的铜离子所引起的共振信号会与外加组氨酸配位的铜离子所引起的共振信号是有区别的。如果酶中的铜离子不被外加组氨酸诱导出来，则外加组氨酸前后所画谱图是不会改变的。但是，他们观察到外加组氨酸前后所画谱图有显著的差别，随着外加组氨酸的量增加，谱图的差别更显著，充分证实了酶中的铜确实被外加组氨酸诱导出来，这种结果令胡皆汉兴奋不已，因为它完全证实了胡皆汉的预想是正确的。

这是一种前人没有发现过的新现象，胡皆汉担心操作者可能会出现差错，除叫他重复实验外，胡皆汉又请了其他人再做了一遍，都得到了相同的结果。但是，为慎重起见，他们又使用了另一种检测方法，这种检测方法是前面说过的核磁共振法，利用顺磁金属离子（二价铜是顺磁金属离子）对谱线的增宽效应来进行检测。如果 Cu_2Zn_2SOD 酶中的二价铜离子被外加组氨酸诱导出来，则外加组氨酸的相关核磁共振谱峰会变宽、变矮，他们确实观察到此种现象，再一次证实了他们的新设想。

至此，胡皆汉完全确信 Cu_2Zn_2SOD 酶中的铜离子是可以被外加组氨酸诱导出来的。但是，是否真的会相应地影响了酶的催化活性？关于这一点还需用实验来加以验证。适逢邵昌平那里有这种测试装置，胡皆汉请舒占勇利用它来进行相关催化活性测定。发现外加组氨酸后，酶的催化活性降低了，外加组氨酸越多，酶的催化活性降低得也越多，这再一次证实他的关联新想法是正确的。至此，他们已在一种金属酶与一种氨基酸的范围内完全证实了胡皆汉的新设想。

胡皆汉把他们的研究工作写成论文投到《中国科学》杂志社，审稿者认为"作者的发现具有重大的创造性意义"，并将该论文刊载于1993年8月出版的《中国科学》（B辑）第23卷第8期上。这篇论文的英文版于1994年3月在 Science in China（series B）发表时，至当年6月底就引起了国外有关学者的注意，美国、法国、日本、意大利、西班牙、波兰、哥伦比亚等国10多位学者来信索取论文复印件。

胡皆汉的博士生郑学仿谈到这项工作时，告诉我们：

> 当时生物酶的研究工作没有深入进行下去的原因很多，我们的工作也存在一定的局限性。第一，我们所用的核磁共振仪磁场强度不够，当时500兆核磁共振仪国内几乎没有，我们的谱图都是用80兆赫磁共振仪做的，比较粗糙，如果有500兆赫的仪器，做精细点，在世界著名科学期刊 Nature 发表文章应该没问题。叶金星（胡皆汉的一位研究生）是搞计算的，胡皆汉老师也是搞计算的，我们一起协作配合，应该会取得更好的成果。第二，后期我们的研究工作虽然扩展了，但当时研究物理的研究生很少，胡皆汉老师也退休了，他所在的题目组也被解散了，没有研究生将我们的工作深入做下去，如果做下去，很可能有突破性的进展。
>
> 我接触过许多人，他们都认为胡皆汉老师的科研工作无论从理论水平上还是实践水平上都是最顶尖的，他当时的工作和设想放在现在的条件下，在 Nature 发表文章不是什么难事。[①]

[①] 郑学仿访谈，2016年8月2日，大连。资料存于采集工程数据库。

金属酶新的相互作用的后续研究

在做完组氨酸与 Cu_2Zn_2SOD 酶相互作用的开创性研究工作后，胡皆汉等人又做了甘氨酸、丙氨酸、色氨酸等 10 多种人体必需氨基酸与 Cu_2Zn_2SOD 酶的相互作用研究，得到了相同的结果，只是相互作用的强弱有所不同。证明此种金属酶不仅能与配体组氨酸发生相互作用，还与人体所需的所有氨基酸都能发生相互作用，拓展了这种新现象的适用范围。接着他们又做了 2 肽（由 2 个氨基酸组成）、3 肽（由 3 个氨基酸组成）等多肽与 Cu_2Zn_2SOD 酶的相互作用。他们发现随着肽链的增大，相互作用也迅速减弱，到 3 肽时已基本看不出有什么相互作用了，而 2 肽也比单独的氨基酸弱了许多，证明大分子不利于此种相互作用。之后，他们又初步做了此种金属酶与遗传物质 DNA 结构单元鸟苷、腺苷、胸苷、胞苷的相互作用，同样观察到相似的结果，说明此种相互作用不仅仅局限于氨基酸。

Cu_2Zn_2SOD 酶的催化活性中心除铜离子外还含有二价锌离子，前面说过的研究仅限于与铜离子的相互作用，但在 Cu_2Zn_2SOD 酶与组氨酸相互作用中，锌离子是否也被诱导出来了？因为二价锌离子不同于二价铜离子，它所有电子都已配对、没有顺磁性，因而不能采用顺磁共振法与顺磁核弛豫谱线增宽法来进行检测，而是用重组的方法，先用钴把锌置换出来，再与组氨酸相互作用，采用紫外光谱法（钴的组氨酸配合物有紫外吸收光谱）看是否能把在锌位置上的钴诱导出来。实验结果也和铜离子一样，可以把在锌位置上的金属离子诱导出来。与此同时，他们又开展了氨基酸金属络合物（不是前面说的氨基酸，而是以氨基酸为配体的金属络合物）与金属酶的相互作用研究。例如，含锌的枯草杆菌中性蛋白酶与钴的组氨酸络合物在水溶液中相互作用后，蛋白酶催化活性中心的锌部分或者大部分甚至全部都被组氨酸络合物中的钴置换出来，这要看所加络合物数量的多少而定，所加络合物越多，被置换出来的锌离子越多，而钴进入酶中的量也越多，而且这种相互作用比仅仅外加组氨酸的相互作用更为强烈。

关于金属酶与氨基酸金属络合物和无机金属络合物，当年进行了这两部分研究工作的郑学仿教授说：

这张谱图解决了我论文要解决的几方面的问题。

第一，金属酶，我主要选的 Cu_2Zn_2SOD 酶，Cu_2Zn_2SOD 酶与外加金属离子相互作用研究，这些外加金属离子主要是一些顺磁性金属离子，比如钴、镍、铜等。

第二，之前我的一个师兄已经验证金属酶可以与氨基酸等小分子相互作用，那么我要做的拓展研究便是金属酶与氨基酸金属配合物，如氨基酸钴、氨基酸镍、氨基酸铜之间的相互作用。

第三，除了主要做 Cu_2Zn_2SOD 金属酶，把研究扩展至其他的金属酶，后期我选了很多种金属酶，主要是含锌的，因为锌元素没有磁信号，如果有外加的碱性金属离子与氨基酸的配合物相互作用后，介入酶活性中心磁性金属离子可画出核磁共振就有谱图了，否则就没谱图。含锌酶，当时我们组的邵昌平老师和郭和夫老师从日本带回来一些工业酶，叫核酸酶P1，中间含锌，所以我跟邵老师要了一些，自己分离提纯做了一些。

第四，做了氨基酰化酶、碳酸苷酶等这些酶的一些研究。至此，我圆满地完成胡皆汉老师交给我的任务。后来我又选了一些非金属蛋白酶的研究，论文没有写进去。另外，还做了一些谱学、核磁共振、可见光谱、顺磁共振等。当时我们组有一位刘宇新，她是复旦大学毕业的，专做 Cu_2Zn_2SOD 酶的活性测定，如何测定酶、怎么测活性是我跟她学的。我做了大量的相当于生物系做的活性实验。当年的博士跟现在不一样，工作特别多，我们每个人都是这样，不像现在发一两篇文章就可以毕业了，我记得我们大连化学物理研究所这届博士生13个人，我发了8篇文章，是这届博士生里发表论文最多的。①

---

① 郑学仿访谈，2016年8月2日，大连。资料存于采集工程数据库。

随着研究范围的不断拓展，他们引入的检测方法也不断增多，由刚开始使用的顺磁共振法与顺磁核弛豫谱线增宽法，到紫外光谱法、原子吸收法与一般核磁共振法。随着检测方法的增多，方法之间可以彼此验证，互为补充，使他们的检测更为完善。

由于检测方法的完善，不仅可以定性地研究他们新发现的此种相互作用，还可以定量地研究此种相互作用，甚至可以测定此种相互作用的速率。核酸 P1 酶，是一种重要的金属酶，在它的催化下，可把 RNA 进行水解。核酸 P1 酶的催化活性中心含有 3 个配位不同的二价锌离子，比如在水溶液中与氯化钴相互作用时，我们可以利用紫外光谱法分析测定每种锌离子被钴置换的速度。

胡皆汉与他的研究生及同事对他们发现的金属酶新的相互作用做了一系列研究，并建立了比较完备的检测方法。由于金属酶的种类繁多，而且不光金属酶，有生物活性的生物金属络合物也很多，如叶绿素、血红素、细胞色素等都是生物金属络合物，可以预期由我国科学家开创的这类新的相互作用研究具有广阔的研究前景。他们把这种新相互作用初步拓展至对细胞色素的研究，也获得了成功，确实显示出它具有广阔的研究前景。

学术兼职当正业

除科研工作外，胡皆汉在各学术团体的兼职颇多。他曾兼任中国光学学会光谱专业委员会副主任委员、中国物理学会波谱专业委员会委员、大连市光谱学会理事长、《光谱学与光谱分析》副主编、《波谱学杂志》副主编、《结构化学》编委等。

在有些人看来这不是主业，不应花费太多的时间和精力投入到这些事情上。但在胡皆汉看来，既然兼任这些职位了，就要在其位、谋其政。他认为：你要把这些协会和编委当成一个名誉的象征，只是在交际场合挂挂名，发表一下可有可无的礼节性的套话，那你一定会觉得无事可做，也就无所作为。你如果把这些协会和编委当作一个实体，当成自己科研的一部分，你就会有很多事情来做，而且有做不完的事情。胡皆汉是一个极其负责、认真的人，以他的性格凡事要么不答应，答应下来就要把它完成、做好，而且做得非常严谨、非常投入。胡皆汉做了一段大连光谱学学会理事长后，有的人说，胡皆汉把这个会长当成解析光谱图那么认真，这样轮到后面的人当会长，谁还敢当呀！

前面我们曾经讲过胡皆汉有过一次被错误退稿的经历。有了那次经历后，他曾经说过，如果有一天我担任某杂志的主编和编委的话，我录用稿件的标准，一定按照投稿人的实际水平来决定，绝不注重投稿人的学历、单位的名气等其他因素。后来担任此项工作后，胡皆汉坚持亲自审稿。平时为了一份稿件常常一坐就是几个小时，有时甚至审稿到深夜。许多稿件他都逐章逐句审改定稿。无论谁撰写的稿件，胡皆汉修改后对其要点、内容都标注得清清楚楚。

图 9-3　1987 年胡皆汉（第一排右四）与纪涛（第二排右六）等人参加大连光谱学会会议后合影（胡皆汉提供）

第十章
年过古稀仍发愤

退 休

郑学仿是胡皆汉最后招收的一名博士研究生,他在攻读博士学位期间,胡皆汉经常告诫他,博士论文一定要有明显的创新,要有自己的思想和理论,否则,即使有很大的工作量,只能算若干篇"添砖加瓦"式的论文,算不了一篇有学术价值的博士论文。郑学仿在撰写博士论文期间,胡皆汉不顾年近古稀,对他的论文从学术内容到章节安排,甚至标点符号都进行了认真修改和严格推敲。经过这种千锤百炼的过程后,郑学仿的论文与初稿相比可谓是脱胎换骨,发生了质的飞跃。

在这几个月的论文修改过程中,我受益匪浅。可以说,是胡皆汉老师"手把手"地教会了我如何写论文,如何做学问。[1]

---

[1] 大连大学《选集》编辑组:《胡皆汉论文选集》。2008年,第3页。

1997年10月20日，郑学仿的毕业论文答辩会如期举行，他的论文题目是《金属酶新的相互作用》。在答辩会上，众评委一致认为是一项突破传统观念的重要新发现。

图10-1　1997年10月20日郑学仿博士论文答辩会合影（左四郑学仿，左五胡皆汉。胡皆汉提供）

1997年11月，胡皆汉办理了退休手续。按照研究所规定，他可以到1998年7月满70岁时才退休，为什么提前了半年？1997年上半年研究所实行改革，与职工签订工作合同，他本人刚与研究所签订工作合同不久，又要再次签订合同。他个人认为：合同是非常严肃的，怎么说签就签、说改就改呢？于是他对所里的人事部门说："我都快要退休了，已签过合同，可否就不要再签了？"人事部门没有同意他的意见。于是他对人事部门说："我不想再签订工作合同了，我现在就退休好了！"1997年11月，胡皆汉正式办完了退休手续。

胡皆汉在广西南宁读大学时就参加了中共地下党，这在改革开放后出版的中共南宁党史上都记载着胡皆汉的名字。按照规定，凡是新中国成立前参加中共地下党的都可以享受离休待遇，然而研究所的人事部门认为他不符合离休待遇，认为他的工作时间只能从到东北工业部工作时（1950年

4月)算起。

关于胡皆汉的离休问题引发的争论,在《自由探索之追求——胡皆汉自述》中有这样的记载:

> 我们研究所的人事部门不给我离休待遇,说是我的工作时间只能从1950年4月到东北工业部算起,以前的都不算,要算也一定要找到当时广西大学开给东北工业部的集体介绍信(因为当时我们十多个同学一起到东北工业部的,所以开的是集体介绍信)。几十年后,单位变迁,早就没有了东北工业部(1953年撤销),我哪里去找?我说我可以找到许多证明人来证明此事,但人事部门不认可。当时我怒不可遏,重重批评了他们几句。事后觉得,与这种人说理无用,又恐怕自己耐性不好,容易被人激怒,血压升高,若为这事产生烦恼,生出病来,反而不好。同时对人生我也看淡了许多,我不计较了……。[①]

经历这件事后,胡皆汉认为"老年人,凡事想开为好"。在胡皆汉看来,离休、退休对于他已无所谓。后来和他一起入党的同学知道后,要他向有关单位申诉,认为这很不合理,甚至他的儿子也为他抱不平,要找人申诉。这一切都被胡皆汉制止了。在他看来,天下不合理的事太多了,有谁能说得清楚!何况这区区的离休之事,不必去争,多留点精力去做自己愿意做的事。对他来说,读书和科研才是最重要的事情。

胡皆汉退休后,虽然没有了自己的研究工作舞台,没有了自己主持的研究课题,没有了自己招收的研究生,但是有关高校和本研究所的人常常来请教他、有求于他,而他又热心于科学研究,随缘而至,仍然参与了不少研究工作。

胡皆汉从退休时起到2014年一直被大连大学聘为客座教授,退休后的最初几年还被大连化学物理研究所的一些研究室返聘为研究顾问。此外,还不时地接受大连理工大学、辽宁师范大学、大连市中医院研究所等

---

① 胡皆汉:《自由探索之追求——胡皆汉自述》。长沙:湖南教育出版社,2015年。

图 10-2 2008年胡皆汉参加大连大学有机化学硕士生论文答辩会后留影（第一排左四郑学仿，左六胡皆汉，左九尹静梅。胡皆汉提供）

单位有关师生与研究人员的业务咨询。从退休到2014年，胡皆汉参与指导了20多个博士生、硕士研究生与博士后的课题研究。在接受众多咨询研究中，与他们一起发现了一些新的现象、新的规律，并确定了不少生物新分子的化学结构，还与他们共同在国内外科学期刊上发表了70多篇论文，他自己还撰写出版了5本科学著作。

师 生 情

从20世纪80年代起，到胡皆汉退休前，他共指导过25位硕士生和博士生。其中有些现在在美国的大学或研究单位从事科技工作，有些在国内的大学当教授、博士生导师，或者研究所的研究员或所长。他和这些学生的感情非常深厚。在这些学生心中，他们对胡皆汉的印象是：第一，性格直率、待人真诚，但发现错误时，历来严厉批评，从不讲情面和场合。无论是对待学生还是同事，特别是领导和有一定学术地位的人，他向来都是一视同仁。第二，朴实、节俭是胡皆汉的一贯作风。第三，非常珍惜时间。胡皆汉对学生们要求非常严格，希望每一位学生都要有效地利用好时间，不要虚度年华。第四，日常生活比较单调。他一生除了读书学习、搞科学研究，再没有什么其他的爱好。他的学生胥维昌说：

> 十多年前，我曾到胡老师家探望他。我走进他不足 10 平方米的书房，书架上装满哲学、历史、文学、科技、数学等方面的书籍，有很多书籍和稿件还堆在地上。我有时想，现如今胡老师马上是 90 岁的人，他仍然这么健康，精力依然那么充沛，这与他的这些追求和兴趣有着很大的关系。①

2001 年 7 月，胥维昌邀请在大连、沈阳、抚顺三地工作的胡皆汉的博士、硕士弟子 10 多人，一起为胡皆汉搞了一个小型生日聚会。对胡皆汉来说，这个生日聚会既令他感动又令他难忘。看到这次聚会的学生个个业绩辉煌，青出于蓝而胜于蓝，胡皆汉打心底里高兴。

此时的胡皆汉联想到现在美国、日本等国外工作的学生和国内其他几位因路远未能前来聚会的学生，他们的事业和科研成绩显著，各方面业绩也非常突出。作为曾经的导师，他既感高兴，更觉学生情浓，特别是在缺少尊师重道的今天，他们还能记得他这位老人，抑制不住欣慰的心情，而作诗一首：

> 科学共一梦，探研诸君同。
> 昔年曾耕共，鹰长飞高空。
> 长空三万里，搏击声隆隆。
> 继丰高翔术，复坚勤毅勇。
> 云天高无垠，宇宙奥无穷；
> 专著一方碧，不管东西风。
>
> 雁飞前沿头，后辈比前优。

---

① 胥维昌访谈录，2017 年 5 月 17 日，沈阳。资料存于采集工程数据库。

诸君正当年，有力正应酬。
老翁今醉酒，喜见桃李秀。
梨门虽被关，过墙拂杨柳。
今日诸君会，为我祝长寿；
慰从心中起，放歌击筑瓯。
风满长空兮，雄鹰搏；
科研无穷兮，学者研；
诸鹰羽丰翅坚兮，奋飞高空；
老骥年暮兮，何处伏枥？！
长雁过空兮，留飞声，
学者退休兮，剩论文；
哀吾生之多艰兮，绝处逢生；
庆吾家之和美兮，儿贤孙聪；
喜桃李之芬芳兮，辉灿来聚；
乐朋辈之共耕兮，不亦悦乎！
对黄昏之夕夕兮，无愧无悔；
与诸君共醉兮，长歌以达旦；
歌兮醉兮，互祝寿康！[1]

继续参与原来所做课题的一些研究

胡皆汉退休后，程国宝研究员仍请他回去参与工作，正式返聘他为研究顾问，他们继续对 β-榄香烯抗癌药物展开研究，有关的一些研究结果已在前面叙述。由于程国宝已满60岁，于2000年年初办了退休手续。后

---

[1] 胡皆汉:《秋虫集》。北京：中国文联出版社，2001年。

来有关β-榄香烯类抗癌药物的研究转到了一个新成立的研究组，胡皆汉和程国宝又都被返聘到了那里，直到 2001 年年底结束。新成立的研究组在筹划成立时也曾一度表示出对β-榄香烯类抗癌药物研究的支持，所以胡皆汉和程国宝都比较乐意把他们研究了 10 多年的这项工作转过去，希望后继有人。但是，后来事与愿违，程国宝带的硕士研究生毕业走了，有个青年研究人员去了美国，程国宝又退了休，没有安排新人进来，这项很有实用前景、做了多年研究就此夭折。

胡皆汉所带博士研究生郑学仿于 1997 年毕业后，随即于 1998 年到大连理工大学去做博士后。谈到他的恩师胡皆汉退休后仍帮助指导他们的一些情况，郑学仿说：

> 我离开化物所后，先到大连理工大学做博士后，之后一直在大连大学工作，我经常是好几个月见不到胡皆汉老师，但是我们之间一直保持着联系。最开始，我曾有几年在英国搞合作研究，时间挺长。我委托胡皆汉老师直接指导我的学生，我有很多学生，胡皆汉老师为他们花费了很多精力，经胡皆汉老师指导的大连大学 2004 级研究生，我认为是最杰出的一届。有的学生在读硕士时就能发 4 篇 SCI 文章。胡皆汉老师除帮我们选择课题外，有时候帮我们撰写自然科学基金的标书，经他指导修改的自然科学基金的标书命中率非常高。[①]

郑学仿在博士后期间所作的研究，仍是有关金属酶新的相关作用方面的研究。郑学仿在做博士后的同时，还帮他的指导老师带了一个博士研究生与一个硕士研究生，他们的研究内容也与金属酶新的相互作用有关，所以从 1998 年到 2001 年，他们三人所做的研究工作，仍是胡皆汉开辟的有关金属酶新的相互作用领域的研究。他们做这些研究时，经常到胡皆汉家请教，让他给予指导和帮助，他们在研究中所作的各种谱图都拿来让胡皆汉分析或解释。胡皆汉在名义上不是他们的指导老师，也没有被大连理工

---

① 郑学仿访谈，2016 年 8 月 2 日，大连。资料存于采集工程数据库。

大学有关研究室正式返聘，没有收他们一分钱，全是出于自己对科学研究的兴趣，所以胡皆汉把他们视为自己的学生一样，热心于共同讨论研究。

值得一提的是，胡皆汉退休后还为大连化学物理研究所梁鑫淼副所长所带博士后研究生褚长虎确定了一个分子量比较大的新化合物的分子化学结构，论文发表在美国的《化学磁共振学报》；帮助梁鑫淼的博士生李秀玲确定了赤芍中的一种新化合物的分子结构，论文发表在《分析化学》杂志上；帮助梁鑫淼的硕士生王莉分析研究了天麻中羟基苯类化合物，论文发表在《分析化学》杂志上。

担任海洋生物研究组顾问

2002年，胡皆汉被大连化学物理研究所海洋生物研究组聘为分子结构研究方面的顾问。有关人员拿出他们已做了很长时间而待确定化学结构的海绵提取物的有关谱图给胡皆汉看，包括一张是色谱图、一张质谱图和一张红外光谱图。从计算机质谱图库检索后，他们初步断定提取物为 5α-胆甾烷-3β-醇，但是此化合物的熔点为 141～142℃，而提取结晶物测得的熔点只有 116℃，相差较大。他们不敢确定此提取结晶物就是从计算机质谱图库检索后初步确定的化学物。

熔点不符，确实存在问题。胡皆汉把谱图拿回家进行分析思考。从给出的色谱图看，只出现一个很尖锐的单峰，一般初步假定它为一个纯化合物，解释它相应的质谱、紫外、红外和其他谱图，因而也会假定它是单一纯的化合物，而不会假定它是混合物。因为在解释有关谱图时如果是单一的化合物，则谱图上所有的谱峰都来自一个化合物；如果是混合物，则谱图上的谱峰可以来自不同的化合物，解释起来则先要分清哪些谱峰可以来自一个化合物，而另外的一些谱峰来自另一个化合物，这样的区分在一张谱图上是很困难，甚至不可能的。起初胡皆汉也是从它是单一的化合物开始分析它的红外光谱图，但从提供的红外光谱图看到，在 3016 cm^{-1} 处出现一个相当强的吸收峰，熟悉红外光谱图的人都知道，出现在3000至3100 cm^{-1}区间的红外光谱峰，一般是由C=C-H、CH$_3$X、CH$_2$X$_2$中的C-H伸缩振动所引起，但从提取物的质谱图可以判定，提取物分子不含卤素X(-)，也找不到有关的质谱碎片断裂峰，所以分子必有双键，这与上述由质谱推得的5α-胆甾烷-3β-醇相矛盾，因为5α-胆甾烷-3β-醇不含双键。为了证实是否真有双键，胡皆汉把样品拿到辽宁师范大学分析实验中心去做了核磁共振氢谱和核磁共振碳13谱，最后确定提取物中确实含有双键。综合考虑多种数据，最可能的是，样品是由两种化合物组成的混合物，其中一种是与5α-胆甾烷-3β-醇十分相似的化合物，从谱峰相对强度考虑，它的含量约占80%，另一种为含1个双键的化合物，含量约为20%。经过详细深入的分析，胡皆汉与高级工程师许永廷找到了新的化学结构。

至此，分析工作就可结束了。但是，他们提供给胡皆汉的红外光谱图出现了3016 cm^{-1}、1211 cm^{-1}、766 cm^{-1}、670 cm^{-1}四条很强的吸收峰，胡皆汉怀疑他们提供的红外光谱图有问题，很可能是除检测到的化学结构外，还有一种组分在核磁共振氢谱和核磁共振碳13谱谱图里反映不出来，而在红外光谱却有强烈的反映，特别表现在上面的那四条很强的红外吸收峰上。符合这些情况的，胡皆汉想到最可能的是氯仿（CHCl$_3$），因为在做核磁共振氢谱和核磁共振碳13谱时，用的溶剂也是氘代氯仿，它的核磁共振峰，正好与溶剂的谱峰相同，而未被识别出来，而氯仿也正好有上述四条强红外吸收峰。于是，胡皆汉便问做提取物的人，是否是用氯仿提取的？答复是肯定的。这样，胡皆汉便知道在做红外光谱时，他们没有将溶剂氯仿赶掉。胡皆汉请研究人员将溶剂赶掉后再做红外光谱图。这样一来，上述问题解决了。

2002年，袁权院士的博士研究生薛松以海绵为研究对象，分离提取化合物，并对其进行化学结构分析等，她见胡皆汉到他们组里做结构分析顾问，十分高兴，可以得到胡皆汉的直接帮助。她在博士论文中所做的10多种生物分子结构鉴定，都是在胡皆汉的指导下完成的。特别是在鉴定其中一个生物新分子的化学结构时，检索文献上均未报道过有此种结构的化合物，后经研究，此化合物有抗艾滋病活性，据说后来还申请了国家专利。

氨基酸化学结构与遗传物质 RNA 中碱基三字码的关系

　　胡皆汉对分子生物学颇感兴趣，有时也看些有关生物遗传密码的文献。众所周知，种豆得豆，种瓜得瓜，子女的长相和父母相像，这是遗传的结果。生物遗传是通过遗传物质 DNA 信息的世代传递进行的，对人类几万个基因的测序工作，已于 2003 年全部完成，亿万年来生物进化的历史与人类遗传的信息，都写在这本 DNA 序列"天书上"。如何读懂这本"天书"，从中揭示生命的奥秘，探索生物的遗传规律，成为当代科研人员研究的前沿课题。现在人们早已弄清楚，DNA 序列是由 4 种碱基组成，它们是鸟嘌呤（G）、腺嘌呤（A）、胞嘧啶（C）和胸腺嘧啶（T）。RNA 序列也是由 4 种碱基组成，它们是鸟嘌呤（G）、腺嘌呤（A）、胞嘧啶（C）和尿嘧啶（U）。生物体内的蛋白质结构则由 RNA 中 4 种碱基的排列来决定，蛋白质的结构单元是氨基酸，生物体的蛋白质有 20 种氨基酸，RNA 中的每 3 个碱基（形成三字码）决定着一种氨基酸。4 个碱基可以组合成 64 个三字码；而氨基酸只有 20 种，所以大多数氨基酸可以有一个以上的三字码来决定。例如，苯丙氨酸有两个三字码 UUC、UUU；甘氨酸有 4 个三字码 GGA、GGG、GGC、GGU；亮氨酸有 6 个三字码 CUG、CUA、CUC、CUU、UUA、UUG；蛋氨酸只有一个三字码 AUG；异亮氨酸有 3 个三字码 AUA、AUC、AUU；等等。

　　为什么各个氨基酸的三字码个数会如此的不同？每种氨基酸的三字码中的头两个字码在 3 个字码个数为 4（包括 4 在内）以下时都是相同的，而在三字码个数达 6 个时，其中 4 个三字码的头两个字码也是相同，其余两个三字码的头两个字码也是相同的呢？而氨基酸只有两个三字码时，三字码中的第三个字码必是 C、U 或 A、G，而不能是 C、A，C、G，U、A，U、G 相结合呢？

胡皆汉从分子结构的角度出发，把氨基酸和碱基的化学结构加以研究对比，想从中找出它们之间的关系。经过一两个月的思考，他找到了决定每种氨基酸三字码个数的化学结构要素，同时指出决定氨基酸三字码的第一、第二个字码的主要原因是碱基的亲水性要与氨基酸的亲水性相匹配，强亲水性的碱基与强亲水性的氨基酸相应；而碱基的疏水性也要与氨基酸的疏水性相应；初步探讨了氨基酸结构与 RNA 中碱基三字码的关系，是遗传密码研究中的初始性、基础性工作之一。胡皆汉把这些研究结果写成论文，发表在了 2000 年 9 月出版的《分子科学学报》上。

这一篇文章的发表令胡皆汉十分高兴，遗传基因密码的探讨是当时生命科学研究的重要前沿之一，他的这一点点发现有可能加深对氨基酸遗传密码的理解。

与辽宁师范大学的合作

20 世纪 90 年代初，辽宁师范大学实验中心引进了一台核磁共振仪，这是他们第一次接触核磁，同事建议到大连化学物理研究所去请教。在与大连化学物理研究所来往期间，他们结识了胡皆汉，当得知他是核磁方面的专家后，他们聘请胡皆汉到实验中心担任兼职教授并指导实验和研究。

胡皆汉从 1993 年到实

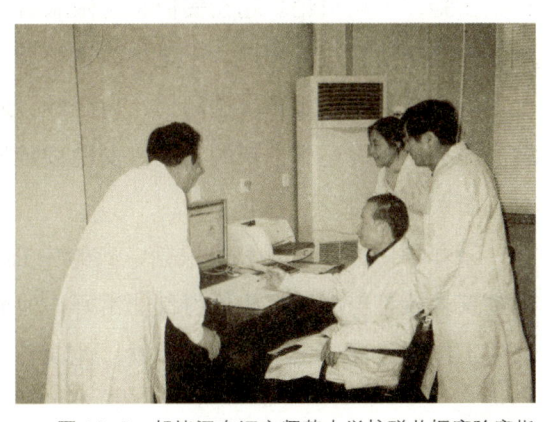

图 10-3　胡皆汉在辽宁师范大学核磁共振实验室指导工作（胡皆汉提供）

第十章　年过古稀仍发愤

验中心一直到工作到 2000 年。其间，通过研究工作，他们建立了深厚的友谊，大家亲切地称他为胡老师。

当时在实验中心做研究员的安悦回忆说：

> 是胡老师把我带入了光谱之门。直到今日，我的教学与研究工作都离不开光谱学。初到这个实验室使用红外光谱仪器，我非常陌生，因为以前也不学这个专业，是胡老师手把手地教我，从画红外光谱图开始，一点点地学会了许多知识。胡老师非常严厉，对于任何工作你想凑合一下，根本行不通。记得有一次我画完一个样品的红外谱图后，送给他看，他立刻指出了问题，毫不客气地让我重画。
>
> 与胡老师相识十年，使我受益终身。虽说我不是他的学生，但他对我就像自己的学生一样，因此，我也总是亲切地称呼他老师。在胡老师的指导下，我们共同合作，在《光谱学与光谱分析》杂志上发表了 4 篇论文。胡老师对论文的每次修改，都让我学到很多知识。他严谨的科学态度、一丝不苟的敬业精神是我们这些晚辈永远学习的榜样。现在我也已为人师了，还是经常带着自己的学生去请教胡老师，胡老师总是不厌其烦，耐心指导，让我们非常感动。①

在实验中心与胡皆汉合作比较多的是许永廷和安悦，他们三人经常一起做实验，一起讨论。起初安悦总是做服务性、重复性的红外光谱测试工作，她很想摆脱这种困境。于是她就请教胡皆汉，如何做一些有创新性的工作。胡皆汉建议她自己选题目，自己做，通过发表论文，能够深入地理解、提高，最终达到创新的目的。安悦按照胡皆汉指出的做法，研究工作有了很大的提高。

除郑学仿、许永廷和安悦外，实验中心的吕建洲主任、朱再明教授、冯辉副教授等与胡皆汉相处得都非常好，他们一致认为：胡皆汉为实验中心的工作和建设作出了很大的贡献，他很有学者风度，而且对学术研究的

---

① 安悦访谈，2016 年 11 月 5 日，大连。资料存于采集工程数据库。

态度非常严谨，他对实验中心每一个成员的指导都非常认真、一丝不苟。胡皆汉不但能解决许多实验中的疑难问题，而且会提出一些搞科研的方法和思路，告诉你如何才能做好科研工作。

在辽宁师范大学实验中心工作的这段时间，胡皆汉与每位成员相处都得非常好，他们之间关系融洽、合作愉快，并结下了深厚的友谊。他回忆道：

> 退休后的四五年，由于过去和辽宁师范大学分析实验中心合作得十分愉快，特别是与做核磁共振工作的许永廷高级工程师和做红外光谱工作的安悦副教授接触更多，友情浓厚，所以退休后的几年我差不多每星期或每两个星期仍到分析实验中心去和他们合作，每年都能发表一两篇论文。[①]

大连大学的客座教授

胡皆汉退休后，除了帮助辽宁师范大学、大连理工大学等单位进行研究和咨询，他投入精力最多的是对大连大学的教学和研究工作。他协助大连大学校长高大彬、常务副校长由业诚、研究生部主任郑学仿等指导了王爱玲、马君燕、崔颖娜、胡代花、张慧敏、于琰等10多位研究生的研究工作，为他们解析研究中各种各样的光谱、波谱图，确定化合物的化学结构，提出一些研究方法与解决难点。

大连大学硕士研究生马君燕应用荧光光谱技术研究肌红蛋白与小分子相互作用时遇到了困难，便来找胡皆汉帮忙，希望他给予指导。胡皆汉给马君燕设计了各种各样的实验，几经思考，经过多次试验，最后终于弄清。由于这些研究过去国内外都未见报道，又由于荧光光谱的灵敏度比其他光谱，如红外、拉曼、紫外、核磁共振等灵敏很多，因而创建了一种应

[①] 胡皆汉：《自由探索之追求——胡皆汉自述》。长沙：湖南教育出版社，2015年。

用荧光技术来测定肌红蛋白含氧量及其与其他分子（如 CO 等）相互作用而灵敏度又极高的测试新方法。这项研究成果发表于 2008 年出版的《中国科学》（B 辑）第 38 卷第 1 期上。

此外，胡皆汉还为大连大学研究生班讲过两次课。第一次是在 2004 年秋冬两季，为一个研究生班讲光谱、波谱课，参加人员有研究生数 10 人，另有一些青年教师。胡皆汉讲课时特别强调，实验数据是测出来或计算出来的，千万不要死记硬背，更不要套用。在运用数据推导有机化合物结构时需要灵活的思维，需要仔细推敲与验证，需要综合各种信息进行全面思考。当时听课的学生曹洪玉深有感触地说："通过那次课程，我逐渐摆脱了数据与公式的死记硬背的习惯，进而采用活学活用的思维方式。整个研究生期间，我做的是理论模拟有机药物分子，这一思维方式让我大获裨益。"第二次是 2009 年为郑学仿的研究团队做有关"紫外、荧光与圆二色性光谱学"讲座。

由于没有教材，他就从各种教本、专著与文献中收集编写教材。2009 年，由胡皆汉编写的《紫外、荧光与圆二色性光谱学基础讲义》一书由大连大学生物工程学院印发。

图 10-4　2008 年胡皆汉在大连大学担任客座教授时为学员们讲授光谱波谱课（胡皆汉提供）

著 书 立 说

胡皆汉是一位勤奋的学者，退休后除做研究外，他还撰写科学专著和文史性著作。他退休后撰写了《破释分子——分子化学结构探究例解》《实用红外光谱学》《紫外、荧光与圆二色性光谱学基础讲义》《思维——

图 10-5 《破释分子——分子化学结构探究例解》封面

图 10-6 《实用红外光谱学》封面

图 10-7 《紫外、荧光与圆二色性光谱学基础讲义》封面

图 10-8 《思维——人类探索大自然的强大武器 读古算书〈九章算术〉随想》封面

图 10-9 《启思数学三编》封面

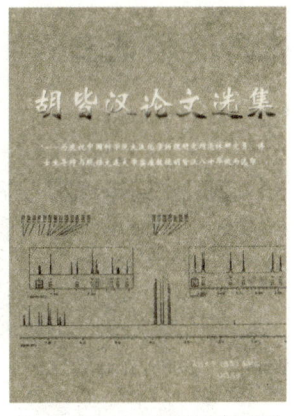

图 10-10 《胡皆汉论文选集》封面

人类探索大自然的强大武器 读古算书〈九章算术〉随想》《启思数学三编》5本科学专著，其中3本为独著、2本为合著，胡皆汉都是第一作者。此外，胡皆汉还出版了《胡皆汉论文选集》《回眸科研情——一个科研工作者的回顾》《自由探索之追求——胡皆汉自述》《秋虫集》。胡皆汉和夫人沈梅芳还合著了《泷罗晚画》《泷罗晚画诗集》。

图10-11 《回眸科研情——一个科研工作者的回顾》封面

图10-12 《自由探索之追求——胡皆汉自述》封面

图10-13 《秋虫集》封面

图10-14 《泷罗晚画》封面

图10-15 《泷罗晚画诗集》封面

第十一章 科技之家

胡皆汉的上几辈都是农民,到了他这一代,在家族中他是第一个读过大学的人,而他的儿女长大后全都从事了科技工作,他家有幸成为一个科技之家。

胡皆汉与夫人沈梅芳自1957年结婚以来,举案齐眉、相亲相爱,人生几度低谷,都能风雨同舟、同甘共苦。胡皆汉深感夫妻二人在研究单位工作都是识浅学薄,但都能发奋图强,对自己能与沈梅芳和睦偕老,深感幸福,而作诗曰:

> 两根细直竹,相依生山谷;
> 晴天共晒阳,阴雨同濯足;
> 纵有风霜凌,连枝不独宿;
> 凝神俩专著,愈长叶愈绿。

胡皆汉与沈梅芳生育了两男一女,大儿子胡伽罗1958年4月出生于广东罗定,二儿子胡伽尼1960年5月出生于大连市,女儿胡伽玲1963年3月出生于大连市。他们少年时跟随父母下乡生活了4年,那时教育荒废,青年人都未能受到较好的教育。但是,胡皆汉和沈梅芳对自己子女的学习

图 11-1　胡皆汉与沈梅芳的合影（摄于 2017 年 8 月 16 日）

非常重视，督促他们努力读书，每晚让他们与父母一样学习到晚上九十点钟，还买了酒精灯、试管、温度计等让他们动手做些小实验。后来他们回城读中学时，还买了万用表、电烙铁、电子管等让两个儿子试装收音机；买了照相机、胶卷、冲洗液等让他们学习照相，冲洗照片；为了加强对英语的学习，还请他们的舅舅从香港买来英语听讲机。父母的关爱，加上他们的刻苦努力，后来都成长为有为之人。

大儿子胡伽罗读小学三四年级时，在胡皆汉的指导下就学了父亲初中时学过的《三 S 平面几何》，中学毕业就能做微积分的算题（当时中学没有微积分课程，是自学的）。1977 年大学恢复招生，他被东北工学院力学师资班录取。大学毕业后又读了硕士研究生，留校任教。1988 年获取美国阿克隆大学（Akron University）土木系四年全额奖学金赴美留学，1992 年获该校博士学位。之后，他先后在美国汽车业公司高田和福特工作，从事汽车碰撞安全保护的技术研发。胡伽罗有不少创造发明，并获得多项美国技术专利。

二儿子胡伽尼非常聪明，1977 年大连市举行全市中学生数学竞赛，他获得了竞赛第一名。1978 年考入辽宁大学物理系，在读大学期间，便在《辽宁大学学报》上发表了一篇有关原子能态的论文。1982 年大学毕业后考入中国科学院大连化学物理研究所读硕士研究生，毕业后留研究所从事了 1 年的研究工作，之后经过托福考试被美国 4 所大学录取为博士研究生，最后他选择了温德堡大学，获博士学位后，又读了 3 年博士后，后来一直在美国伟恩州立大学从事研究工作，现为该校正教授、该校磁共振成像中心共同主任、美国磁共振成像生物医学研究所副所长，国际神经血管病学会理事。他还被聘为北京大学物理学院医学物理和工程北京市重点实验室、中国科学院深圳先进技术研究院等8家单位的兼职客座教授。发表著名的 SCI 类论文 180 余篇，被有关学者引用 6500 多次。

女儿胡伽玲中专毕业，曾在大连市妇产医院任护士，现在在美国一家医务所工作。

胡皆汉有孙辈4人：外孙女宣妍，出生于大连市，大学毕业于多伦多大学，后又到美国攻读硕士研究生，现在在美国一所大学从事研究工作。大孙女胡宇雄出生于美国，是胡伽尼的女儿，取得药学博士学位，现在在美国一家医院工作。二孙女胡宇峰出生于美国，是胡伽罗的女儿，毕业于密歇根大学罗斯商学院，现在在纽约一家金融公司工作。孙子胡宇聪出生于美国，是胡伽尼的儿子，现在在美国一所大学读书。

胡皆汉的儿女虽然都在美国，但都很孝顺，经常给父母打电话，并多次邀请父母到美国，陪父母到各地游玩。父母70岁、80岁、90岁寿辰时，3家人都会从国外专程回国为父母设宴庆贺。对于子孙后辈，胡皆汉曾赋诗曰：

屋外风雨多，家中暖温和。
放眼看世界，科技放高歌。
金衣与玉食，不如家中馍。
吾家何最乐，共攀科峰阁。

1995年，胡皆汉、沈梅芳夫妇受儿女之邀到美国探亲。儿女们在百忙之中抽出时间陪同他们游览了许多地方，在游览世界闻名的尼亚加拉大瀑布时，胡皆汉还特意赋诗一首：

游尼亚加拉大瀑布

滔滔碧水泻湖疆　汹涌跌落万千丈
谁人引来洞庭水　倾注天渊雷霆响
瀑帘横跨美加国　双龙飞舞银羽裳
群鸥低徊献翔技　游船穿濛客沸嚷
争享天骄潇洒泪　架设曲栏攀登上

夜来霓灯三色照　　碧身红颜白发亮
俯瞰峡底绿带系　　飘缭拂绕涟漪映
长桥卧波渡两岸　　千仞岩崖峭壁厢
通途到此非荒野　　草绿楼高白粉墙
风雨拂洒湖边树　　五洲游客多车辆
红颜白发老携幼　　满目奇景舒心偿
媳儿孝道陪导游　　神州美德孝心肠
兴来更应快拍照　　留得它年话语长

1995 年夏作

图 11-2　1995 年胡皆汉夫妇在尼亚加拉大瀑布合影（胡皆汉提供）

游览完毕，胡皆汉意犹未尽，还写了一篇游尼亚加拉大瀑布游记。

结 语

胡皆汉的研究工作，大致可分为四个阶段。

第一阶段：1958年6月至1973年6月。在这段时期，胡皆汉只有近3年的时间是从事真正的科研工作。由于读初中时集体参加过"三青团"的历史问题，他先后3次被下放到农村劳动，前后历时5年半。"文化大革命"初期，他又两次被抄家，两入"牛棚"，在研究所杂务班扫地、扫厕所……转眼又是3年。此外，还有两年的时间，胡皆汉是在研究所所属的大连化学物理学院教普通物理课（担任物理教研组组长）。在此阶段，他在《物理学报》上发表了两篇有关振动光谱（红外与拉曼光谱）振动分析理论性的论文，填补了国内这方面研究上的空白。

第二阶段：1973年6月至1979年10月。在此期间，胡皆汉从中国科学院大连化学物理研究所调到大连市轻化工研究所分析室。虽然只是从事分析性、服务性的研究工作，但在这个比较稳定的科研环境中，胡皆汉取得了不少有价值的研究成果，先后被评为大连市轻化工研究所及大连市化工局先进工作者。1978年，大连市召开科学大会时，大连广播电台还广播了胡皆汉的科研事迹。

第三阶段：1979年11月至1997年11月。在此期间，胡皆汉回到了中国科学院大连化学物理研究所，并首次担任研究组组长。1981年，他晋升为副研究员，被批准为硕士研究生导师；1986年被中国科学院批准为研究员，并于同年被国务院学位委员会批准为博士生导师。当时他所在的大连化学物理研究所是中国科学院的重点研究所，职工近千人，整个研究所只有16位博士生导师，这段时间是胡皆汉研究的黄金时代。

在郭和夫副所长的大力支持下，胡皆汉领导的结构化学研究组先后购置了核磁共振仪、红外光谱仪、顺磁共振仪、荧光光谱仪、色谱仪等先进仪器。结构化学研究组在完成全所各研究组的分子结构分析服务的同时，胡皆汉还带领小组主动开展了对光谱、波谱、催化剂红外吸附态、结构化学、药物化学、生物新分子、生物酶等多方面的研究，取得了多种研究成果。

第四阶段：1997年12月至今。这段时间对胡皆汉来说是随缘拾研的闲适晚年。退休后的最初5年，他被原单位的有关研究组返聘为研究顾问，后来被大连大学聘为客座教授；协助大连化学物理研究所、大连大学、大连理工大学与辽宁师范大学的有关教授指导了2位博士后、20多名博士及硕士研究生。胡皆汉在《中国科学》《科学通报》《物理学报》《化学学报》《美国磁共振学报》等学术期刊上共发表学术论文240余篇。出版了《核磁共振波谱学》《红外与拉曼光谱的计算原理和计算程序》《实用红外光谱学》《破释分子——分子化学结构探究例解》《紫外、荧光与圆二色性光谱学基础讲义》《思维——人类探索大自然的强大武器 读古算书〈九章算术〉随想》《启思数学三编》7本专著，翻译了《分子振动——红外和拉曼振动光谱理论》。

胡皆汉的研究成果有很多，可以概括为三大方面。

第一，创新性、发现性的研究成果。主要表现在：①在气相色谱研究中，胡皆汉首次提出了一个把气相色谱保留值与分子化学结构关联起来的普适公式；②最先用红外光谱法证实了对催化基础研究有重要意义的氢的反溢流现象；③首次发现人发自由基浓度与人生长年龄及重大疾病有密切关系；④发现了生物金属酶与氨基酸等存在一种重要的相互作用新现象，能减弱酶的催化活性；⑤初步揭开了氨基酸与遗传物质RNA中碱基三字码间的关系；⑥发现了尿嘧啶遗传物质与水相互作用后的一些新现象，发现含水的尿嘧啶与不含水的尿嘧啶在核磁共振等多种谱学上与细胞增殖活性都有显著的不同，首次从分子水平上揭示了水对生物的影响与重要性。

第二，学科性的研究成果。主要表现在：①核磁共振积算符理论对核磁共振作图中的各种近代脉冲技术与多维谱等起着十分重要的作用，该理论过去只解决到"弱"耦合体系，胡皆汉等人首次把它拓展到"强"耦合体系，是理论上比较大的突破；②在国内首先开展了对振动光谱振动分析理论上的研究，填补了国内在这方面研究上的空白；③首次在国内建立振动光谱计算机的计算程序，计算了几十种有机化合物，配位化合物与金属族化合物的振动光谱与力场；④确定了数百种合成新分子与生物新分子和药物新分子的化学结构，在国内首次应用光谱数据计算分子的热力学函数；⑤对核磁共振 ABC 三自旋体系提出了一种新的归属方法；⑥在国内首先开展 ^{195}Pt、^{111}Cd、^{117}Sn、^{199}Hg、^{50}Co 等金属核磁共振研究。

第三，应用研究与应用基础研究中的成果。主要表现在：①与大连市药物研究所、大连医学院在"七五"攻关联合研究中发现了"β－榄香烯"，经国家批准为二类抗癌新药；②获得了 3 个抗癌新药国家专利，分别是《榄香烯含氮衍生物及其用作为抗癌药物》《榄香烯金属化合物及其用作为抗癌药物》和《榄香烯羟基类衍生物及其用作为抗癌药物》；③在与大连石油七厂的合作研究中，发现文献上报道的烷基萘降凝剂主成分化学结构有错误，并重新确定其有效组分及其正确的化学结构与检测方法，提高了质量，缩短了一半的生产时间，获得了较大的经济利益；④对法国提供标样的各种助剂的成分和化学结构与有关分析指标等进行剖析，不仅对每种助剂都写了一篇很详细的报告，还指出每种助剂的组成与化学结构和相关熔点、灰分、颜色等；⑤帮助丹东丝绸研究所研究柞丝为什么会呈现黄色、有什么特性等，并发现柞蚕丝的红外光谱图中有一条相同的光谱峰，可以作为辨别柞蚕丝与桑蚕丝的一个依据；⑥剖析国外活性碳酸钙的有效活性成分，组成新的配方，为广平化工实业有限公司提高了活性碳酸钙的产品质量，获得了较好的经济效益。

胡皆汉虽然大学只读了不到两年，起步学识鲜少，没有什么科学专业知识，35 岁才开始做真正的科学研究。其后累受整贬，几次坠入低谷，他没有参加过出国深造,没有到过任何研究单位或高等学校进修,但经过刻苦自学、努力工作,却取得了种种科研成果,发表了240多篇有价值的论文,出版了8本科学专著,培养了数十名博士、硕士研究生,获得了8项科技奖,成为我国著名的光谱波谱与结构化学家。这种出身、这样经历的学者在我国科学家中也是少见,值得我们学习和点赞!

附录一　胡皆汉年表

1928年

1928年7月23日，出生于广东省罗定县泗纶镇高寨村一户农家。

父亲胡成巨，母亲蓝秀芳。家中共有兄弟姐妹6人。10岁那年姐姐因发高烧无法医治病故，后来出生的弟弟妹妹都因贫穷、医疗条件落后而夭折，只养活了一个弟弟，名叫胡树汉，一直在家乡务农。

1935年

7月，入读胡大本开设的"窗馆"读书，读了半年，"窗馆"停办，又转到由胡文洲开设在"蚕房"的书馆读书，读了半年，"蚕房"书馆也停办了。

1936年

转入高华小学，读小学2年级。小学阶段学习成绩优等，尤其算术学得更好，每学期总成绩都是班上前两名。

1941年

6月，高华小学毕业。

7月，与同学曾国瑞一起到县城投考中学。当时报考罗定师范中学的有1000多人，初试考了第35名，最后复试又考到第15名。由于家中无钱承担学费，此事告吹。下半年，就读于镇上私人开设的专修科，学习《东莱博议》《故事琼林》，学写对联、贺仪等。

1942年

上半年镇上筹建泗水初级中学，在正式招生之前开设了先修班，他考读了先修班，后来以优异的成绩免考入学，成为该校初中第一届学生。

1943年

初中二年级上学期，集体参加国民党的"三青团"。

下半年学校举行了一次全校算术比赛，获全校竞赛第一名。

1944年

学校举行的分年级物理与化学比赛，均获第一名。

1945年

6月，初中毕业。

8月，考入广东省立罗定中学读高中。

1947年

在学校出版的校刊上发表两篇文章，第一篇为《数学闲谈——韩信点兵术》；第二篇为《谈谈动物界摄食的方法》。

1948年

6月，以全年级总成绩第一名毕业。

8月，到广州投考大学，以第二名的成绩考入国立南宁师范学院理化系。

9月，到国立南宁师范学院报到，开始了大学生涯。

1949年

2月，在香港《新学生》杂志上发表了一篇题为《三角公式二角和与二角差函数之证法又一例》的文章，这是在公开刊物上发表的第一篇文章。

5月，参加了由中共地下党员唐志敬等组织的进步学社"建社"，定期进行活动。

10月6日，参加了中共地下党。入党介绍人为同班同学杨祖榈。

12月4日，南宁解放，随即被抽调至中共南宁市委郊区农村工作组工作。

1950年

2月，国立南宁师范学院合并到设于桂林的国立广西大学，成为国立广西大学物理系的学生。

4月，被招聘到东北工业部人事处工资科工作。

1951年

与干部科的程连昌一起被任命为人事处处长秘书。"三反"运动开始，与程连昌调到东北工业部"三反"办公室工作。

8月6日，重新入党，预备期1年。

与工资科的王斐等人到大连调查了解各工厂工人人数与工资情况。

1952年

"三反"运动结束，与程连昌调回人事处。

7月，被提升为人事处职工教育科副科长，工资升至当时的行政17级。

10月17日，转为正式党员。

12月，领导决定派其到苏联留学，后因中央要建立国家计划委员会，负责全国的经济计划工作，被推荐为国家计划委员会的成员。因此，未能到苏联留学。

12月，调至北京，到新成立的国家计划委员会工作，成为国家计划委员会最早的工作人员之一。

1953年

1月，被任命为国家计划委员会燃料工业局石油工业计划组组长，其间参与了国家石油工业发展政策的制订与第一个五年计划中石油工业计划的编制等工作，曾作为主要执笔者以局长王新三的名义写了一篇《大力发展石油工业》的政策性文章，发表于《计划经济》期刊上，对我国以后石油工业的大发展作出了一定的贡献。

夏，与几个同事到当时最大的天然石油产地玉门油矿了解石油地质、石油开采，石油炼制与经营管理、生产规模、生产计划等情况。回北京后撰写了一份出差报告，得到余建亭副局长的称赞。

1955年

9月16日，全国"肃反"运动开始，因初中参加"三青团"的历史问题受到审查后逮捕，关押在北京德胜门外的一座监狱。

1956年

年初，从监狱出来，仍回到原单位等待重新分配工作。

7月，国家经济委员会成立，被任命为国家经济委员会石油工业计划局综合组组长。

9月，行政级别提升了1级，同时被评为八级工程师。

1957年

1月19日，与沈梅芳结婚。

1958年

6月，调至中国科学院石油研究所。

7月，调研"十万伏静电加速器"项目和重水分离工作。

到北京中国科学院力学研究所咨询有关在大连建立原子反应堆建设方

面的问题，受到钱三强的接待。

1959年

3月，妻子沈梅芳由广东罗定调至中国科学院石油研究所工作。
4月，因"三青团"的历史问题被重新审查而被开除党籍。
6月29日，被下放到旅顺区龙王塘人民公社第一养殖场劳动。
11月27日，到旅顺区黄泥川幸福农业社劳动。

1960年

8月，劳动期满，调回大连化学物理学院工作，被任命为物理教研组组长，主讲普通物理课程。

1962年

下半年，大连化学物理研究所开办了一个量子化学班，他为学习班讲授学习量子化学课前须知的有关物理预备知识。

1963年

年初，申请调至研究所第一分析室光谱组从事研究工作，开始做振动光谱分析研究工作。

1964年

开始做以前国内尚未开展过的振动分析理论研究，在一年的时间内，撰写了两篇有关振动分析研究方面的论文。

配合奚祖威领导的光氧化研究工作，与车迅一起做了一段时间的光氧化方面的光谱分析工作，学会了感光玻璃板的切割与冲洗及摄谱仪的操作等技术。

1965年

上半年主要与助理研究员梁娟从事催化剂吸附态的红外光谱研究。

8月30日，被派到甘井子区南关岭公社泉水大队参加"四清"运动。

8月，论文《环偶氮甲烷型分子的振动均方振幅矩阵》《六氟化苯的面外振动》发表在《物理学报》上。

当年先后给所在光谱组、陶愉生领导的化学激光研究组与大连市化学化工学会举办的光谱学习班讲授光谱的有关理论知识，还经常参加化学激光组有关研究上的一些讨论。

1966年

5月30日，结束"四清"运动，回到研究所。

6月，"文化大革命"开始，不久因初中时集体参加"三青团"的历史问题被赶出研究室，并被批斗、下放到所里的杂务班劳动。

1970年

2月，全家被下放到庄河县大郑公社大林大队参加生产队劳动。

1973年

年初，被获准回广东老家探望父母。

5月，接到回城调令。

6月，被调至旅大市轻化工研究所分析室工作。

12月，全家从庄河县迁回大连市。妻子沈梅芳调回大连化学物理研究所工作。

1975年

完成辽阳石油化纤总厂委托的国外14种助剂的分析剖析工作，撰写了14篇论文发表在《助剂通讯》上。确定了氮肥增效剂的化学结构，撰写了《红外光谱法鉴定氮肥增效剂》的论文，发表在1975年的《分析化学》上，这是大连轻化工研究所分析室在国内一级学术期刊上发表的第一篇论文。

1977年

用核磁共振法鉴定氮肥增效剂的化学结构，并撰写论文发表在当年的《分析化学》上，这是他从事核磁共振波谱研究的开始。

用质谱方法鉴定氮肥增效剂的化学结构，并撰写成文章发表在1977年第2期《助剂通讯》上。

10月，获旅大市轻化工研究所1977年度先进工作者称号；获旅大市化学工业局颁发的"在向科学技术现代化进军中，成绩显著特发此状，以资鼓励"奖状。

1978年

1月，获旅大市化学工业局1977年度先进工作者称号。

4月21日，出席大连市科学大会，大会期间个人研究工作成绩通过大连广播电台向全市广播。

8月，论文《ABC三自旋新归属方法》入选全国物质结构学术会议。会议期间，受到著名结构学家卢嘉锡的单独接见。

1979年

2月5日，获旅大市化学工业局1978年度先进工作者称号。

3月14日，在旅大市轻化工研究所举行的"纪念爱因斯坦诞辰100周年"活动上作了报告。

5月，在《化学学报》上发表论文《ABC三自旋质子磁共振谱的标划归属》，对此体系谱图提出了一种新的归属法。

7月，受大连化学物理研究所邀请，与催化研究室的辛勤共同探讨、解释催化剂吸附态的红外光谱图。

11月，郭和夫通过时任大连市市长魏富海以引进人才的方式把他调回中国科学院大连化学物理研究所。

1980年

1月，被任命为大连化学物理研究所第四研究室结构与分析化学研究组组长。

在《科学通报》发表一篇论文《某些 α–甲基吡啶氯化产物的气相色谱保留值与其分子结构间的关系》，受到有关色谱学者的重视。

5月，被邀请到长春举行的全国光谱理论学习班讲授振动光谱理论部分内容，受到长春应用化学研究所所长吴学周的表扬。

全面指导郭和夫教授招收的一个硕士研究生，这是他指导研究生工作的开始。

1981年

4月12日，被提升为副研究员；被批准有带硕士研究生的资格。

7月3日，在《科学通报》等期刊上发表5篇论文，其中刊载于《科学通报》上的《某些烷基吡啶化合物化学结构与其气相色谱保留指数间的关系》再次证实提出的新计算公式是可靠的与真实正确的。

12月7日，项目"某些烷基吡啶化合物化学结构与其气相色谱保留指数间的关系"获中国科学院重大科技成果奖二等奖，为首位贡献者。

被《光谱学与光谱分析》聘为常务副主编，负责分子光谱部分来稿的分审、定稿与编排。任中国光学会光谱委员会副主任委员。

1982年

4月，负责筹办在沈阳举行的"全国多原子分子简正坐标计算程序应用讨论班"，并讲授计算原理。此为国内第一次举行的用计算机计算振动光谱的学习班。

任大连市光谱学会理事长。

1983年

3月，在 *Spillover of Adsorbed Species* 上发表论文 *Evidence for Hydrogen Back-Spillover in Pt-TiO$_2$ System*，在国内外第一次发现与证实了催化 Pt-TiO$_2$ 体系氢反溢流的存在，受到国外学者的重视。

6月，被邀请到中国科学院广州化学研究所讲学，作了10多次有关光谱波谱方面的讲座。

1984年

编著出版了《红外与拉曼光谱的计算原理和计算程序》，这是国内第一部有关振动光谱理论计算方面的专著。

1985年

5月，到暨南大学给该校化学系研究生班与广州有关研究单位从事波谱研究人员讲授核磁共振波谱学。

11月，翻译的《分子振动——红外和拉曼振动光谱理论》一书由科学出版社出版。

1986年

6月2日，被中国科学院批准为研究员，不久又被国务院学位委员会批准为博士生导师。

6月7日，项目"第一次用红外光谱法证实氢还原催化体系有反溢流氢存在"获中国科学院科学技术进步奖三等奖，为首位贡献者。

6月15日，在《科学通报》上发表《一种新的莪术内酯的生成及分子结构的确定》。

1987年

3月2日，发表在《催化学报》上的《Cd^{2+}交换的NaX沸石中阳离子的固态核磁共振》是国内最早的固态核磁共振研究之一。

7月5日，项目"烷基萘降凝剂有效组分化学结构与检测方法"获中国科学院与辽宁省分别颁发的科学技术进步奖三等奖，为首位贡献者。

8月，发表在《光谱学与光谱分析》上的《分子力学MMIPI程序在VAX—11/750计算机上的实现》是国内早期分子力学计算的论文之一。

承担两项国家"七五"科研攻关课题，均为抗癌药物研究。

第一次招收博士研究生 1 名。

1988年

6 月，到美国参加第 43 届国际分子光谱学学术会议，担任分会场执行主席。

8 月，《核磁共振光谱学》由烃加工出版社出版。

8 月，不再担任结构化学研究组组长。

11 月，被聘为《结构化学》期刊编委。

1989年

项目"振动光谱的基础研究——振动光谱的计算机程序及计算"获中国科学院自然科学奖三等奖，为首位贡献者。

"七五"科技攻关项目"β-榄香烯"获国家计划委员会、国家科委、财政部颁发的国家科技攻关荣誉证书。

1990年

5 月，在《光谱学与光谱分析》上发表论文《荧光光谱法研究某些药物与 DNA 的作用》，是国家"七五"科技攻关项目"新铂类抗癌药物"的一种微观抗癌机理研究。

10 月，在《光谱学与光谱分析》上发表文章《柞蚕丝分层结构的红外光谱研究》，首次发现柞蚕丝丝蛋白有 4 层不同的分层结构，打破前人只有丝胶、丝素两层的旧看法。

1991年

5 月，在《科学通报》上发表文章《研究溶液中非顺磁金属离子络合物的一种新方法——NMR 弛豫增宽法》，对难研究的非顺磁金属离子络合结构提出了一个新的研究方法。

11 月，在《科学通报》上发表《人发自由基浓度与生长年龄间关系的研究》，首次发现了人发自由基浓度与人正常发育生长间的关系。

1992年

5月，项目"β-榄香烯"获国家医药管理局颁发的重大科技成果奖，为主要贡献者之一。

10月，在《中国科学报》上发表《强耦合自旋系统的积算符理论》，首次把过去只应用于弱耦合自旋系统的核磁共振积算符理论推进到强耦合自旋体系，是积算符理论的一个突破。

10月，获国务院政府特殊津贴。

10月，项目"柞蚕丝特性基础研究"获中国科学院自然科学奖三等奖，为首位贡献者。

11月11日，被聘为《波谱学杂志》副主编，任中国物理学会波谱委员会理事。

在《波谱学杂志》上发表的《人发自由基ESR研究》是在《人发自由基浓度与生长年龄间关系的研究》的基础上，又首次拓展至把人发自由基浓度与癌症等重大疾病关联起来。

1993年

8月，在《中国科学》上发表的《铜锌超氧歧化酶活性中心铜与组氨酸的相互作用》是一篇带有原创性的重要论文，带动了以后的一系列拓展研究，共发表论文20余篇。这篇论文的英文版发表不到半年，便有美国、德国、法国、日本、意大利、西班牙等国家17位学者来函索取该论文的复印件。

10月30日，被辽宁师范大学聘为校实验中心兼职教授。

1997年

7月，获3项国家专利，分别为《榄香烯含氮衍生物及其用作抗癌药物》《榄香烯金属络合物及其用作抗癌药物》《榄香烯羟基类衍生物及其用作抗癌药物》。

10月，最后的一个博士研究生郑学仿毕业。自1980年起至1997年共培养博士生7名，硕士生18名。

11月底办理退休。

1999年
1月，被原研究室返聘为高级顾问，聘期2年。
被大连大学聘为客座教授。

2000年
夏，个人诗词《秋虫集》由中国文联出版社出版发行。

9月23日，发表于《分子科学学报》的《关于氨基酸结构与RNA中碱基密码间关系的探讨》一文，是在退休后根据文献上已发表的有关遗传密码资料，经他个人思考而发现的20种氨基酸的化学结构与RNA中4种碱基组成的遗传密码有着一种规律性的确定关系，属于遗传基因中的一种基础性研究。

2001年
着重协助郑学仿指导大连理工大学博士生王静云、硕士研究生盖宏伟做研究。

2002年
1月，被大连化学物理研究所生物化学研究组聘为研究顾问，协助袁权院士指导博士生薛松从事海绵提取物的化学结构研究，确定了近20种提取物的化学结构，其中一种为有抗艾滋病活性的新生化合物，申请了国家专利。

7月起，在 *Magnetic Resonance in Chemistry* 等期刊上发表论文4篇。协助梁鑫淼教授指导褚长虎博士后做β-榄香烯衍生物等化学结构的研究。

2003年
协助大连大学副校长高大彬教授指导大连理工大学博士研究生尹静梅做光促催化二氧化碳羧基化的机理研究。

2004年

3—5月，协助大连大学常务副校长由业诚教授指导硕士研究生王爱玲做生物片螺素中间体的合成研究，解决了许多难题。

7月，《回眸科研情——一个科研工作者的回顾》由中国文联出版社出版发行。

9—12月，为大连大学化学类硕士研究生班讲授《光谱学与核磁共振波谱学》。

2005年

全面指导大连大学硕士研究生马君燕做"肌红蛋白与O_2等小分子的相互作用"研究。

2006年

胡皆汉、胡伽尼著《破释分子——分子化学结构探索例解》一书由科学出版社出版发行。

2008年

1月，《思维——人类探索大自然的强大武器 读古算书〈九章算术〉随想》由吉林科学技术出版社出版发行。

1月15日，在《中国科学》上发表的《荧光法研究光诱导肌红蛋白的去氧过程》论文首次创立了极其灵敏的研究肌红蛋白与氧、氮等小分子相互作用的研究方法。

3月，出版《胡皆汉论文选集》。

2009年

3月，与郑学仿一起编著的《实用红外光谱学》由科学出版社出版发行。

冬，为大连大学化学专业研究生与青年教师讲授紫外、荧光与圆二色性光谱学等基础知识。

11月，该校生物工程学院将讲义编成《紫外、荧光与圆二色性光谱学基础讲义》一书印发。

帮助大连中医院研究所所长刘平确立了从鹿茸中提取的四个新化合物的化学结构，明确了从鹿茸中提取的尿嘧啶和鸟苷与购买的标准品在红外光谱、紫外光谱、核磁共振谱、旋光度、熔点、细胞增殖活性方面都有显著差别的原因为水对生物分子活性的重要性。

2011年

4月11日，到广东省罗定市罗定中学参加母校百年华诞，发表了《教之导之，学之思之》的演讲。

2014年

自费出版《泷罗晚画》和《泷罗晚画诗集》。

2015年

8月，《自由探索之追求——胡皆汉自述》一书由湖南人民出版社出版。

2016年

10月18日，受大连大学研究生部的邀请，在大连大学为研究生作题为《创新浅谈——我在研究中遇到的小小几个创新例子》的报告。

2017年

12月12日，在大连参加我国著名有机化学家、石油化学家郭和夫先生诞辰100周年座谈和学术研讨会，作悼念诗一首。

12月25日，《中国科学报》发表题为《胡皆汉：无学位的中国著名光谱波谱与结构化学家》文章。

2018年

2月，数学专著《启思数学三编》由辽宁师范大学出版社出版发行。

该书以初等数学为平台,着重对启思、创思与拓思的介绍。

6月28日,《中国科学报》发表题为《胡皆汉:创新是科学研究的灵魂》文章。

7月22日,为表达对我国著名光谱、波谱与结构化学家崇敬之情,子女和学生们在大连紫航饭店为其举行庆祝90华诞活动。

8月30日,《中国科学报》发表题为《颗粒归仓 穰穰满家——胡皆汉学术成长资料采集小组工作心得》的文章。

附录二 胡皆汉主要论著目录

一、论文

[1] 胡皆汉.环偶氮甲烷型分子的振动均方振幅矩阵[J].物理学报,1965,21(8):1494-1499.

[2] 胡皆汉.六氟化苯的面外振动[J].物理学报,1965,21(8):1570-1572.

[3] 胡皆汉,张俊杰,何国良.ABC三自旋质子磁共振谱的标划归属[J].化学学报,1979,37(2):79-90.

[4] 胡皆汉,何国良,张俊杰.2-氯-6-(三氯甲基)吡啶核磁共振谱的解析[J].化学学报,1980,38(1):84-88.

[5] 胡皆汉,何国良,张凯.某些α-甲基吡啶氯带产物的气相色谱保留值与其分子结构间的关系[J].科学通报,1980,数理化专辑:305.

[6] 胡皆汉,纪涛.四个新吡啶衍生物的化学结构测定[J].分析化学,1981,9(6):683-685.

[7] 胡皆汉,马兆兰,曾宪谋.某些烷基吡啶化合物的化学结构与其气相色谱保留指数间的关系[J].科学通报,1981,26(14):862-864.

[8] 胡皆汉,王国祯,郭和夫.2-氯-6-(三氯甲基)吡啶的振动光谱

和气态热力学函数的计算[J]. 化学通报, 1982(4): 10-12.

[9] Hu Jiehan, Hong Zupei, Song Yongzhe, et al. Evidence for Hydrogen Back-Spillover in Pt-TiO$_2$ System [J]. Spillover of Adsorbed Species, 1983, 7: 83.

[10] 胡皆汉, 王国祯, 李星玮. 有机磷卤素镍络合物配位键振动光谱计算[J]. 光谱学与光谱分析, 1984, 4(5): 8.

[11] 胡皆汉, 韩秀文, 纪涛, 等. 一种新的莪术内酯的生成及分子结构的确定[J]. 科学通报, 1986, 31(11): 832-835.

[12] 胡皆汉, 韩秀文, 杨振云. 温莪术抗肿瘤有效成分的13C NMR谱及其人工改性衍生物化学结构的确定[J]. 波谱学杂志, 1986, 3(3): 241-248.

[13] 胡皆汉, 宋永哲, 江雅清, 等. CO在Pt/TiO$_2$+Nb催化剂上吸附态的红外考察[J]. 催化学报, 1986, 7(3): 283-286.

[14] 胡皆汉, 倪坚毅. 分子力学MMIPI程序在VAX-11/750计算机上的实现[J]. 光谱学与光谱分析, 1987, 7(4): 22-25.

[15] 胡皆汉, 陈嘉彦, 冯广著, 等. 用红外光谱法考察水与PBIL反渗透膜的相互作用[J]. 膜科学与技术, 1989, 9(1): 14-18.

[16] 胡皆汉, 姚世杰, 郭和夫. 分子筛中113Cd的固体NMR研究[J]. 科学通报, 1989, 5: 358-361.

[17] 胡皆汉, 贾卫民, 杨利民, 等. 抗癌药β-榄香烯衍生物的核磁共振研究[J]. 波谱学杂志, 1990, 7(3): 339-344.

[18] 胡皆汉, 纪涛, 王晶, 等. 柞蚕丝分层结构的红外光谱研究(光谱学与光谱分析)[J]. 光谱学与光谱分析, 1990(50): 11-13.

[19] 胡皆汉, 刘宏中, 刘秀梅. 研究溶液中非顺磁金属离子络合的一种新方法——NMR弛豫增宽法[J]. 科学通报, 1991: 752-755.

[20] 胡皆汉, 胥维昌, 纪涛. 人发自由基浓度与生长年龄间关系的研究[J]. 科学通报, 1991(210): 1665-1667.

[21] 胡皆汉, 刘姝, 宋永哲, 等. 人发自由基的ESR研究[J]. 波谱学杂志, 1992(2): 189-193.

[22] 纪涛, 胡皆汉, 王晶, 等. 柞蚕黄茧生色物和生色机理研究 [J]. 中国科学（B 辑 化学 生命科学 地学）, 1992（4）: 359-363.

[23] 缪希茹, 韩秀文, 胡皆汉. 强偶合自旋系统的积算符理论 [J]. 中国科学（A 辑 数学 物理学 天文学 技术科学）, 1993（4）: 399-408.

[24] 胡皆汉, 舒占永. 铜锌超氧化物歧化酶活性中心铜与组氨酸的相互作用 [J]. 中国科学（B 辑 化学 生命科学 地学）, 1993（8）: 793-797.

[25] 胡皆汉, 陶丽梅, 王孝敏. 紫外可见吸收光谱法研究钴超氧化物歧化酶活性中心钴与组氨酸的相互作用 [J]. 光谱学与光谱分析, 1995（2）: 9-12.

[26] 胡皆汉, 郑学仿, 程国宝, 等. 研究金属酶活性中心结构 NMR 技术中的一种新方法 [J]. 科学通报, 1997（17）: 1825-1826.

[27] 胡皆汉, 郑学仿, 许永廷, 等. 光谱、波谱法研究铜锌超氧歧化酶与氯化钴（Ⅱ）、组氨酸钴（Ⅱ）相互作用 [J]. 光谱学与光谱分析, 1999（3）: 49-54.

[28] 胡皆汉, 郑学仿, 许永廷, 等. 枯草杆菌中性蛋白酶与无机金属化合物相互作用的核磁共振谱 [J]. 科学通报, 2000（9）: 932-935.

[29] 胡皆汉, 叶金星, 程国宝, 等. β-榄香烯振动光谱的量子化学从头计算 [J]. 光谱学与光谱分析, 2001, 21（2）: 163-168.

[30] 尹静梅, 高大彬, 胡皆汉, 等. 光促进下烯烃与二氧化碳的羰基化反应及 $^{13}CO_2$ 和 $^{13}CH_3OH$ 同位素实验研究 [J]. 科学通报, 2003, 48（13）: 1418-1420.

[31] 安悦, 朱再明, 胡皆汉, 等. α, α'-二氧代烯酮环二硫代缩酮类化合物的谱学研究 [J]. 光谱学与光谱分析, 2004, 24（9）: 1069-1071.

[32] 马君燕, 郑学仿, 郭明, 等. 荧光法研究光诱导肌红蛋白的去氧过程 [J]. 中国科学, 2008, 38（1）: 55-59.

二、著作

[1] 胡皆汉, 王国祯. 红外与拉曼光谱的计算原理和计算程序 [M]. 北京:

光谱学与光谱分析编辑部，1984.

［2］E. B. 小威尔逊，J. C. 德修斯，P. C. 克罗斯. 分子振动——红外和拉曼振动光谱理论［M］. 胡皆汉，译. 北京：科学出版社，1985.

［3］胡皆汉. 核磁共振波谱学［M］. 北京：烃加工出版社，1988.

［4］胡皆汉.《秋虫集》［M］. 北京：中国文联出版社，2001.

［5］胡皆汉. 回眸科研情——一个科研工作者的回顾［M］. 北京：中国文联出版社，2004.

［6］胡皆汉，胡伽尼. 破译分子——分子化学结构探究例解［M］. 北京：科学出版社，2006.

［7］大连大学《选集》编辑组. 胡皆汉论文选集［M］. 出版者不详，2008.

［8］胡皆汉. 思维——人类探索大自然的强大武器　读古算书《九章算术》随想［M］. 长春：吉林科学技术出版社，2008.

［9］胡皆汉，郑学仿. 实用红外光谱学［M］. 北京：科学出版社，2011.

［10］胡皆汉. 自由探索之追求——胡皆汉自述［M］. 长沙：湖南教育出版社，2015.

［11］胡皆汉. 启思数学三编［M］. 沈阳：辽宁大学出版社，2018.

参考文献

[1] 罗定县地方志编纂委员会. 罗定县志[M]. 广州：广东人民出版社，1994.

[2] 辛勤，徐杰. 中国催化名家[M]. 北京：科学出版社，2017.

[3] 中国科学院大连化学物理研究所. 光辉的历程，大连化学物理研究所的半个世纪[M]. 北京：科学出版社，2003.

[4] 胡皆汉. 回眸科研情，一个科研工作者的回顾[M]. 北京：中国文联出版社，2004.

[5] 胡皆汉. 自由探索之追求——胡皆汉自述[M]. 长沙：湖南教育出版社，2015.

[6] 大连大学《选集》编辑组. 胡皆汉论文选集[M]. 出版者不详，2008.

[7] 卢嘉锡. 院士思维[M]. 合肥：安徽教育出版社，1998.

[8] 徐利治口述，袁向东、郭金海访问整理. 徐利治访谈录[M]. 长沙：湖南教育出版社，2009.

[9] 葛能全. 钱三强传[M]. 济南：山东友谊出版社，2003.

[10] 江才健. 规范与对称之美：杨振宁传[M]. 广州：广东经济出版社，2011.

[11] 樊洪业. 中国科学院编年史（1949—1999）[M]. 上海：上海科技教育出版社，1999.

[12] 徐光荣. 一代宗师——化学家张大煜传[M]. 北京：科学出版社，2006.

[13] 袁宝华. 袁宝华回忆录[M]. 北京：中国人民大学出版社，2018.

［14］周波平，刘忻，李庆安，等. 王梦恕传［M］. 北京：人民出版社，2015.

［15］陈大远. 罗定民国春秋［M］. 北京：金城出版社，2021.

［16］王元. 华罗庚［M］. 大连：大连理工大学出版社，2010.

［17］胡皆汉. 秋虫集［M］. 北京：中国文联出版社，2001.

［18］季成. 诺贝尔奖中华风云：李政道传［M］. 北京：国际文化出版公司，2010.

［19］华仁长，严建平. 我的科学生涯［M］. 上海：上海文化出版社，2011.

［20］张天来，孙懋德，王丽丽. 院士的足迹［M］. 大连：大连理工大学出版社；北京：光明日报出版社，2004.

［21］杨德润. 登上科技高峰的人们：记在辽宁工作的两院院士［M］. 沈阳：辽宁科学技术出版社，1997.

［22］谢泳，智效民等著，陈远编. 逝去的大学［M］. 北京：同心出版社，2005.

［23］大连市科学技术协会，大连市老科学技术工作者协会. 大连上空闪亮的群星——在连院士风采录［M］. 大连：大连出版社，2022.

［24］江才健. 吴健雄 物理科学的第一夫人［M］. 上海：复旦大学出版社，1997.

［25］杨建邺. 杨振宁传（增订版）［M］. 北京：生活·读书·新知三联书店，2011.

［26］大连市关心下一代工作委员会. 科学家寄语下一代［M］. 大连：大连出版社，2002.

［27］姜文洲. 胡皆汉：无学位的中国著名光谱波谱与结构化学家［N］. 中国科学报，2017-12-25.

［28］曹洪玉，唐乾. 胡皆汉：发现创新是科学研究的灵魂［N］. 中国科学报，2019-06-28.

［29］姜文洲，唐乾，曹洪玉，等. 颗粒归仓 穰穰满家——胡皆汉学术成长资料采集小组工作心得［N］. 中国科学报，2019-08-30.

后记

胡皆汉是我国著名的光谱波谱与结构化学家,其人生经历非常丰富,用他自己的话来说"可以撰写一部非常吸引人的电视连续剧"。"胡皆汉学术成长资料采集项目"正式启动以来,采集小组对胡皆汉本人及其亲属、同学、同事、朋友与学生等进行了较为全面系统的访谈,对其相关书信、著作、历史资料进行了收集整理,这些均为撰写传记奠定了扎实的基础。希望通过对胡皆汉的学术成长资料进行采集研究,为科学史研究提供珍贵的史料;从侧面反映中国现当代光谱波谱与结构化学学科发展的历程;揭示科学人才成长的一些规律。

本项目得以顺利地完成,与以下单位和人员提供各种形式的帮助密不可分:

老科学家学术成长资料采集工程领导小组张藜教授、陈丽娟助理、王丽娜助理、张佳静老师,馆藏基地吕瑞花、李志东和陶萍三位专家均给予了指导与帮助,在此表示由衷的感谢!特别值得一提的是,采集小组到北京开会时,曾两次到著名科技史学家樊洪业家中探望,他在病中给予了我们很多指导和中肯的意见,在此向他致以诚挚的敬意和感谢。

采集小组在筹备和采集期间得到了大连化学物理研究所党委书记王华、人事处处长孙军、人事处离退休管理人员李洪清、工会主席李晓佳、综合处处长赵金及办公室、财务处、人事处档案室、图书馆综合档案室等部门的大力支持和配合，对此向他们表示由衷的感谢！没有大家的帮助，胡皆汉的资料采集工作不可能顺利地完成。对此，胡皆汉本人也曾多次通过我转达对王华书记和大连化学物理研究所各个职能部门的敬意和谢意！

采集小组到胡皆汉的出生地广东罗定采集和访谈时，罗定市经济和信息化局副局长范建华及其夫人胡长缨带领小组人员到罗定市政府、罗定泗纶中学、罗定市博物馆、罗定中学、罗定职业技术学院、泗纶镇中心小学胜乐教学点进行采集和访谈，并对罗定档案馆馆长陈凤芝进行了访谈。采集小组所到之处都得到了胡皆汉家乡父老乡亲的欢迎，他们给予了采集小组很大的帮助和支持，对此，向他们表示衷心的感谢！

广西大学档案馆、桂林市档案馆、广西师范大学档案馆为采集小组提供了非常有价值的档案材料。另外，大连理工大学建设学部的王晶华副书记、胡志强副教授对采集小组的许多工作都给予了支持和帮助，在此一并表示诚挚的谢意！

1973年6月，胡皆汉来到大连轻化工研究所，在该所工作了大约6年的时光。他在这个研究所期间为国家和单位作出了很大贡献，对该所也有着深厚的感情。采集小组曾3次来到这个研究所搜集资料和访谈。研究所的李建升主任、刘长乐研究员、张凯研究员等人给予很大的支持和帮助，对此向他们表示衷心感谢！

1993年至1999年，胡皆汉曾被辽宁师范大学分析中心聘为研究顾问，他与这个分析中心的研究合作非常愉快，采集小组在分析中心收集了许多有价值的材料，同时访谈了许永廷高级工程师、安悦教授、吕建洲教授、冯辉高级工程师、朱再明教授。许永廷老师负责召集、组织访谈并提供了许多照片和资料，对此向他们表示由衷感谢！

此外，采集小组对胡皆汉的许多同学、同事、学生进行了访谈。由于他们的鼎力支持和积极配合，使得我们的访谈工作得以顺利进行。采集小组到广州访谈了胡皆汉的高中同学王友钦、沈家林；到北京访谈了胡皆汉的大学同学邓日红，同事陈荫镔、李滕胶、谷志良；到南宁访谈了胡皆汉的大学同学王碇；到武汉访谈了胡皆汉当年的地下党负责人梁健。这些人虽已年近90岁，依然热情地接待了我们，积极配合访谈，并给予了很大的帮助和支持，对此向他们表示感谢！

　　大连化学物理研究所是胡皆汉长期工作的地方，他自1958年调入后，除走"五七"道路，短时间的在大连轻化工研究所工作外，其余的时间一直在这个研究所工作，直到70岁退休。胡皆汉的老同事和老一辈科技工作者听到他被列入采集工程后，纷纷以各种方式向他表示祝贺！对采集小组的访谈他们更是积极配合、认真对待。借此机会向纪涛研究员、程国宝研究员、肖正义高级工程师、辛勤研究员、李同信副研究员、谭志诚研究员、车迅研究员、陈庆道研究员表示真诚的致谢！胡皆汉的学生郑学仿、叶金星、胥维昌、董金华等人都参加了访谈，也向他们表示衷心感谢！

　　我本人曾有幸代表胡皆汉采集小组向采集办公室专家组3次汇报工作情况，都得到了专家的首肯，中期汇报和结题汇报的考评结果：采集部分都是优、写作部分都是良。这些成绩的取得应当感谢胡皆汉的博士生郑学仿教授及其所带领的团队，在整整3年的采集工作中，他们提供场地，完成资料的收集、整理、归档，协助访谈工作，进行资料长编和资料的审阅等。

　　最值得感谢的是胡皆汉对采集工程的理解和积极配合，他捐赠证书、手稿、信件、照片等大量珍贵资料，积极支持采集小组的音频、视频采访工作，并提供了大量有价值的线索（如建议采访对象、采集方式、联络人员等）。在撰写传记过程中，胡皆汉总是不断回忆历史事件，审阅修改传记、年表、印刻文章等，并指出表述不当之处。在采集小组写作上遇到困惑和疑难时，他竭尽全力为我们进行解答和求证。特别值得一提的是，胡皆汉的夫人沈梅芳女士和子女为采集工作提供了很多方便，给予了极大的支持和帮助，在此向他们表示崇高的敬意和由衷的感谢！

　　我的夫人国涓教授在整个采集工作过程中，勤勤恳恳、任劳任怨，为我提供了周到细致的后勤保障，并主动承担了部分撰写资料的审核工作，借此机会向她致谢！

姜文洲

2022年5月26日

老科学家学术成长资料采集工程丛书
已出版（139种）

《卷舒开合任天真：何泽慧传》　　《此生情怀寄树草：张宏达传》
《从红壤到黄土：朱显谟传》　　　《梦里麦田是金黄：庄巧生传》
《山水人生：陈梦熊传》　　　　　《大音希声：应崇福传》
《做一辈子研究生：林为干传》　　《寻找地层深处的光：田在艺传》
《剑指苍穹：陈士橹传》　　　　　《举重若重：徐光宪传》

《情系山河：张光斗传》　　　　　《魂牵心系原子梦：钱三强传》
《金霉素·牛棚·生物固氮：沈善炯传》《往事皆烟：朱尊权传》
《胸怀大气：陶诗言传》　　　　　《智者乐水：林秉南传》
《本然化成：谢毓元传》　　　　　《远望情怀：许学彦传》
《一个共产党员的数学人生：谷超豪传》《没有盲区的天空：王越传》

《含章可贞：秦含章传》　　　　　《行有则　知无涯：罗沛霖传》
《精业济群：彭司勋传》　　　　　《为了孩子的明天：张金哲传》
《肝胆相照：吴孟超传》　　　　　《梦想成真：张树政传》
《新青胜蓝惟所盼：陆婉珍传》　　《情系梁菽：卢良恕传》
《核动力道路上的垦荒牛：彭士禄传》《笺草释木六十年：王文采传》

《探赜索隐　止于至善：蔡启瑞传》《妙手生花：张涤生传》
《碧空丹心：李敏华传》　　　　　《硅芯筑梦：王守武传》
《仁术宏愿：盛志勇传》　　　　　《云卷云舒：黄士松传》
《踏遍青山矿业新：裴荣富传》　　《让核技术接地气：陈子元传》
《求索军事医学之路：程天民传》　《论文写在大地上：徐锦堂传》

《一心向学：陈清如传》　　　　　《钤记：张兴钤传》
《许身为国最难忘：陈能宽传》　　《寻找沃土：赵其国传》

《钢锁苍龙　霸贯九州：方秦汉传》
《一丝一世界：郁铭芳传》
《宏才大略　科学人生：严东生传》

《我的气象生涯：陈学溶百岁自述》
《赤子丹心　中华之光：王大珩传》
《根深方叶茂：唐有祺传》
《大爱化作田间行：余松烈传》
《格致桃李半公卿：沈克琦传》
《躬行出真知：王守觉传》
《草原之子：李博传》

《此生只为麦穗忙：刘大钧传》
《航空报国　杏坛追梦：范绪箕传》
《聚变情怀终不改：李正武传》
《真善合美：蒋锡夔传》
《治水殆与禹同功：文伏波传》
《用生命谱写蓝色梦想：张炳炎传》
《远古生命的守望者：李星学传》

《善度事理的世纪师者：袁文伯传》
《"齿"生无悔：王翰章传》
《慢病毒疫苗的开拓者：沈荣显传》
《殚思求火种　深情寄木铎：黄祖洽传》
《合成之美：戴立信传》
《誓言无声铸重器：黄旭华传》
《水运人生：刘济舟传》
《在断了A弦的琴上奏出多复变
　　最强音：陆启铿传》

《虚怀若谷：黄维垣传》
《乐在图书山水间：常印佛传》
《碧水丹心：刘建康传》

《我的教育人生：申泮文百岁自述》
《阡陌舞者：曾德超传》
《妙手握奇珠：张丽珠传》
《追求卓越：郭慕孙传》
《走向奥维耶多：谢学锦传》
《绚丽多彩的光谱人生：黄本立传》

《探究河口　巡研海岸：陈吉余传》
《胰岛素探秘者：张友尚传》
《一个人与一个系科：于同隐传》
《究脑穷源探细胞：陈宜张传》
《星剑光芒射斗牛：赵伊君传》
《蓝天事业的垦荒人：屠基达传》

《化作春泥：吴浩青传》
《低温王国拓荒人：洪朝生传》
《苍穹大业赤子心：梁思礼传》
《仁者医心：陈灏珠传》
《神乎其经：池志强传》
《种质资源总是情：董玉琛传》
《当油气遇见光明：翟光明传》
《微纳世界中国芯：李志坚传》
《至纯至强之光：高伯龙传》

《弄潮儿向涛头立：张乾二传》　　《材料人生：涂铭旌传》
《一爆惊世建荣功：王方定传》　　《寻梦衣被天下：梅自强传》
《轮轨丹心：沈志云传》　　　　　《海潮逐浪　镜水周回：童秉纲
《继承与创新：五二三任务与青蒿素研发》　　　口述人生》

《淡泊致远　求真务实：郑维敏传》　《采数学之美为吾美：周毓麟传》
《情系化学　返璞归真：徐晓白传》　《神经药理学王国的"夸父"：
《经纬乾坤：叶叔华传》　　　　　　　　金国章传》
《山石磊落自成岩：王德滋传》　　　《情系生物膜：杨福愉传》
《但求深精新：陆熙炎传》　　　　　《敬事而信：熊远著传》
《聚焦星空：潘君骅传》

《逐梦"中国牌"心理学：周先庚传》　《恬淡人生：夏培肃传》
《情系花粉育株：胡含传》　　　　　《我的配角人生：钟世镇自述》
《情系生态：孙儒泳传》　　　　　　《大气人生：王文兴传》
《此生惟愿济众生：韩济生传》　　　《历尽磨难的闪光人生：傅依备传》
《谦以自牧：经福谦传》　　　　　　《思地虑粮六十载：朱兆良传》

《世事如棋　真心依旧：王世真传》　《心瓣探微：康振黄传》
《大地情怀：刘更另传》　　　　　　《寄情水际砂石间：李庆忠传》
《一儒：石元春自传》　　　　　　　《美玉如斯　沉积人生：刘宝珺传》
《玻璃丝通信终成真：赵梓森传》　　《铸核控核两相宜：宋家树传》
《碧海青山：董海山传》　　　　　　《驯火育英才　调土绿神州：
　　　　　　　　　　　　　　　　　　　徐旭常传》

《追光：薛鸣球传》　　　　　　　　《通信科教　乐在其中：李乐民传》
《愿天下无甲肝：毛江森传》　　　　《力学笃行：钱令希传》
《以澄净的心灵与远古对话：吴新智传》《与肿瘤相识　与衰老同行：
《景行如人：徐如人传》　　　　　　　　童坦君传》

《没有勋章的功臣:杨承宗传》　　《科学人文总相宜:杨叔子传》